探索不确定的边缘
解密13件搞不懂的未来科学

也许，我们在不确定性边缘的发现有助于人类成为永生物种。也许，我们在本书探究的内容将成为人类永恒的关键。我们探索的不是人们熟知的事件，我们探索21世纪的未来科学，搞不懂的事件。

◎96%的宇宙仍然未知，暗物质、暗能量存在吗？

◎先驱者号发回的数据告诉我们，它们的轨道与预期发生了偏移，牛顿引力定律需要修正吗？是否存在其他宇宙力？

◎一些我们认为永恒不变的常数或许非恒定，如 α 和 μ。甚至，我们认为的物理定律也非恒定，它们或许会随时间和空间发生变化。

◎冷聚变提出了新观点，非高温高压条件下仍能产生核反应，它能开启核物理学的新时代吗？

◎人体仅是一堆化合物？未来科学必须解决生命起源问题。

◎火星存在生命吗？我们坚信地外智慧生命必然存在。

◎今天的科学更多地是搜寻生命可生存的条件，而非对生命本源的寻找，生命的存在或许不需要液态水。

◎"米米"病毒，一个可改写生命故事的怪胎，它或能改写我们对生命树的认识。

◎今天的科学，仍无法破解死亡之谜。细胞永生可行吗？细胞永生能使生物永生吗？

◎性与死亡之谜同样迷人。有性生殖的起源？性为何存在？

◎什么是意识科学？阅读大脑，探究意识与行为的关系。

◎安慰剂、安慰剂效应，人们熟悉也陌生。安慰剂效应与测不准原理相似，越测量越无法获得真相。

◎什么是顺势疗法？它或将引起医学新革命。

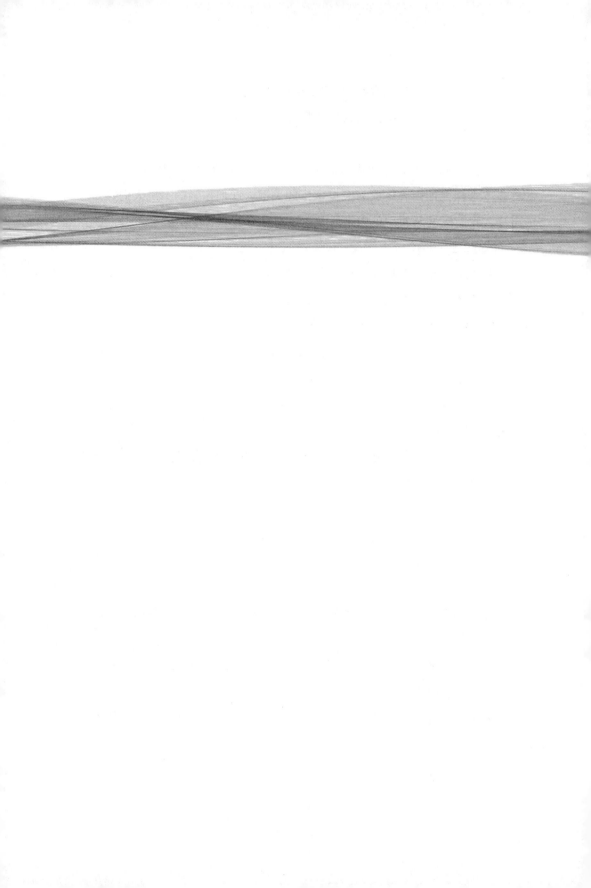

科学可以这样看丛书

13 Things That Don't Make Sense
未来科技的13个密码

21世纪的神秘科学

〔英〕迈克尔·布鲁克斯（Michael Brooks）著
唐渊 贾乙 译

耸人听闻的科学边界
化学、宇宙学、心理学、物理学
21世纪引人入胜的科学奥秘

重庆出版集团 重庆出版社

13 Things That Don't Make Sense By Michael Brooks
Text Copyright © Michael Brooks
Simplified Chinese edition copyright: 2021 Chongqing Publishing & Media Co., Ltd.
All rights reserved.
版贸核渝字(2019)第009号

图书在版编目(CIP)数据

未来科技的13个密码/(英)迈克尔·布鲁克斯著;唐渊,贾乙译. —重庆:重庆出版社,2021.6(2022.9重印)
(科学可以这样看丛书/冯建华主编)
书名原文:13 Things That Don't Make Sense
ISBN 978-7-229-15322-9

Ⅰ.①未… Ⅱ.①迈… ②唐… ③贾… Ⅲ.①科学知识—普及读物 Ⅳ.①Z228

中国版本图书馆CIP数据核字(2020)第189938号

未来科技的13个密码
WEILAI KEJI DE 13 GE MIMA
〔英〕迈克尔·布鲁克斯(Michael Brooks) 著 唐渊 贾乙 译

责任编辑:连 果
责任校对:郑 葱
封面设计:博引传媒·何华成

重庆出版集团 出版
重庆出版社

重庆市南岸区南滨路162号1幢 邮政编码:400061 http://www.cqph.com
重庆出版社艺术设计有限公司制版
重庆市国丰印务有限责任公司印刷
重庆出版集团图书发行有限公司发行
全国新华书店经销

开本:710mm×1000mm 1/16 印张:13.5 字数:200千
2021年6月第1版 2022年9月第2次印刷
ISBN 978-7-229-15322-9
定价:45.80元

如有印装质量问题,请向本集团图书发行有限公司调换:023-61520678

版权所有 侵权必究

Advance Praise for *13 Things That Don't Make Sense*
《未来科技的13个密码》一书的发行评语

这是人们一直想看到的科普书……阅读后可让人变得更加聪明。

——威廉·莱斯(William Leith),
《每日电讯报》(*Daily Telegraph*)

时至今日,有些实验结果令最聪明的科学家也不能解释或者忽视。在《未来科技的13个密码》中,作者迈克尔·布鲁克斯集合了当代科学的13种异常现象,这些现象或能激起未来的重大科学突破。本书的跨度从化学到宇宙学,从心理学到物理学,布鲁克斯敏锐地抓住了未知科学领域中令人兴奋的事。文笔优雅,精心研究,发人深省……必将引起激烈的争论。

——《新科学家》(*New Scientist*)

书稿妙趣横生……布鲁克斯的热情具有感染性。

——《泰晤士高等教育增刊》
(*The Times Higher Education Supplement*)

阅读该书引人入胜……一本开阔视野的书,可以恢复人们的洞察力。

——《大问题》(*Big Issue*)

"哇!"信号是迈克尔·布鲁克斯在本书中谈到的内容之一(该信号可能来自太空中的外星文明),它将我带入了神奇的迷幻之旅。当你得知,科学并不能定义生命体的分类、死亡为何会发生、有性繁殖为何成为主流时,你将感到震惊。绑好你的安全带,准备开始一场"哇!"的体验之旅。

——理查德·埃利斯(Richard Ellis),
《空旷的海洋》(*The Empty Ocean*)的作者

棒极了……布鲁克斯的文笔轻松愉快且有趣……每章都令人充满激情……配得上2008—2009年最畅销科普著作之一的称号,强烈推荐!

——大众科学网站(popularscience.co.uk)

有趣……文笔吸引人……该书值得在新世界崭露头角的探险家阅读。

——乔恩·特尼(Jon Turney),

《独立报》(*Independent*)

反常的数据集带来犯罪感,布鲁克斯从专家的角度对这些数据进行梳理,让人们感到宽慰……本书提供了引人入胜的科学发现悬念……值得称赞。

——史蒂文·普尔(Steven Poole),

《卫报》(*Guardian*)

这是一本让人愉悦又充满挑衅的书,考察了暗物质和暗能量、火星上的生命、性和死亡、自由意志和安慰剂效应,以及其他一些令人头疼的问题……该书是布鲁克斯的代表作,他亲历了经颅磁刺激以验证自由意志假设,体验了电休克以检测安慰剂反应。

——詹尼弗·奥莱特(Jennifer Ouellette),

《新科学家》(*New Scientist*)

为自己购买本书,准备就此变得快乐,也准备接受同等程度的挑战。

——罗伯特·马修斯(Robert Matthews),

《聚焦》(*Focus*)

布鲁克斯自始至终熟练工作……用平顺而愉悦的写作风格描述了激烈争论的窘境……生动的细节给每个神秘现象带来生命,书中散发着机智和

《未来科技的13个密码》一书的发行评语

幽默。

——阿纳哈德·奥康纳（Anahad Connor），
《纽约时报》（*New York Times*）

布鲁克斯精力充沛地投入到研究中，从怪诞科学的狂野边界为我们带回第一手资料。

——伊恩·芬莱森（Iain Finlayson），
《传奇》（*Saga*）

迈克尔·布鲁克斯是非虚构类畅销书《自由基》和《不确定的边缘》的作者。他拥有量子物理学博士学位，是《新科学家》杂志的顾问、《新政治家》杂志的专栏作家。

To Mr. Sumner, for lasting inspiration and fascination
I hope this repays some of my debt

Also to Phillippa, Millie, and Zachary for inspiration every day

致谢萨姆纳先生,因为他持久的灵感和魅力。
我希望这可以部分偿还我对他的亏欠。

致谢菲利帕、米莉和扎卡里每天提供的灵感。

在科学探索中听到的最激动人心的一句话,不是"找到了!"而是"那很奇怪……"这也是最重要的科学被发现之前的呼声。

——艾萨克·阿西莫夫(Isaac Asimov)

目录

1 □ 前言

1 □ 1 失踪的宇宙
我们仅能找到4%的宇宙

27 □ 2 先驱者号探测器的异常
两艘飞船违反了物理定律

37 □ 3 变化的常数
正改变我们对宇宙的看法

47 □ 4 冷聚变
没有戏剧性的核能源

57 □ 5 生命
人体仅是一堆化合物？

71 □ 6 海盗号
火星生命证据改变了科学家的看法

85 □ 7 哇！信号
外星人已联系上了吗？

97 □ 8 巨型病毒
一个可以改写生命故事的怪胎

109 □ 9　死亡
　　　　　进化的自我毁灭

121 □ 10　性
　　　　　更好的繁殖方法

135 □ 11　自由意志
　　　　　你的决定不是你自己做出的

145 □ 12　安慰剂效应
　　　　　谁被骗了？

161 □ 13　顺势疗法
　　　　　它是荒谬的，为何不消失？

181 □ 结语
189 □ 致谢

前言

我站在布鲁塞尔大都会酒店宏伟的大堂,看着三位诺贝尔奖获得者挤进了电梯。

这个电梯可不好操控,它像一个开放的网状笼子,绞盘系统像伊桑巴德·金德姆·布鲁内尔(Isambard Kingdom Brunel)时代的产物。三天前,我第一次进入电梯时,我感到自己似乎穿越到了过去。幸运的是,至少,我让它运行了起来。

我为科学家们的处境感到尴尬。远远望了一会儿,周围宏伟的建筑分散了我的注意力。大都会酒店建于 19 世纪末,几乎华丽得荒谬。墙壁上镶嵌着巨大的大理石板,天花板上装饰着精细而美丽的金色和鼠尾草绿色几何图案。闪闪发亮的水晶吊灯散发着温暖的光,让我想蜷缩于灯光下睡觉。事实上,酒店内到处散发着令人舒适的灯光。酒店外,德布鲁凯尔广场,寒风吹拂着从城市穿过。我欣赏着酒店旋转门外 12 月的萧索景色,感觉自己能永远站在那里。

几位诺贝尔奖获得者仍在电梯里苦苦挣扎,似乎没人注意到他们的困境。我想,是否需要走过大厅并给他们提供帮助。当我花时间关注电梯门时,发现电梯关门违背了逻辑——乘客认为电梯门关闭时会被自动锁住,但它并未被锁住且需要你最后再拉一下。我突然意识到,那些获得诺贝尔奖的学者们应能自行解决这个问题。

我偏向于认为,科学家是最重要的人,因为他们能解释我们生活的世界,掌控宇宙运行的规律。但也许这只是一种令人欣慰的妄想。离开电梯闹剧后，我坐进一辆出租车，身后留下的是我参加过的最引人入胜的会议。引人入胜，不是因为会议上的人们有了新的科学见解。恰恰相反，没有任何新见解，没有任何前进方向，这反而使讨论变得有趣。在科学的发展进程中，完全没有进展并不一定是坏事，这通常意味着革命即将来临。

会议讨论的话题集中在弦理论，即一种将量子理论与爱因斯坦相对论联系起来的理论尝试。量子理论与相对论是不相容的，我们需要重新修订它们才能正确描述宇宙。弦理论可能是我们最好的选择；当然，也可能不是。在过去的3天，我一直在倾听一些当今最伟大的科学家讨论，如何将相对论和量子理论结合起来。会议讨论的结论是，直至弦理论诞生30多年后，我们仍不知道从哪里开始着手。

这就是索尔维物理学会议，一个历史内涵非常丰富的会议。在1911年举行的第一次索尔维会议上（即世界第一次物理学会议），代表们就新发现的放射性现象进行了辩论。就在这个酒店，玛丽·居里（Marie Curie）、亨德里克·洛伦兹（Hendrik Lorentz）和年轻的阿尔伯特·爱因斯坦（Albert Einstein）就放射性物质如何明显地违反能源和动量守恒定律进行了辩论。放射性是一种异常现象，它显得非常不合理。量子理论的诞生最终解决了这个问题。然而，量子理论由于自己的奇特本质也具有自身的问题——在1927年的索尔维会议上，爱因斯坦和尼尔斯·玻尔（Niels Bohr）、洛伦兹（Lorentz）、埃尔温·薛定谔（Erwin Schrödinger）、欧内斯特·卢瑟福（Ernest Rutherford）、约翰·冯·诺伊曼（John von Neumann）在对放射性现象感到同样困惑的情况下，坐下来讨论了新的物理学定律。

这是科学史上一个不平凡的时刻。量子理论包含了一种新颖的观点，即自然界中的某些事物是完全随机的，没有任何原因。这让爱因斯坦和玻尔感到郁闷，因为他们认为这毫无道理。因此，他们将更多的时间花在了正式讨论之外，争论这一切意味着什么。他们采用了完全不同的哲学方法处理这个谜团。对玻尔而言，这意味着某些事情可能超出了科学的范畴；对爱因斯坦来说，这意味着物理学理论出了问题，正是在这家酒店，爱因斯坦发表了他的名言："上帝不掷骰子。"玻尔的反应正视了科学家们面临的最大挫折，即他们不能制定规则。"爱因斯坦，"玻尔说，"请停止告诉上帝，他该怎么做。"

他们都未能活着看到一个令人满意的解决方案出现的那天——事实上，这个问题至今也未能得到解决。如果一定要在第23届索尔维会议上找到代表们达成的共识，那就是他们认为玻尔提出的科学有局限性的看法似乎具有正确性。现存的半数弦理论学家（他们也是世界上最伟大的思想者）认为，我们永远不能完全理解宇宙。"万物理论"的其他探求者认为，我们一定能找到一些合理的解释。但是，这些探求者不知在哪里可以找到。是什么导致了这种非同寻常的情况？这又是一个异常现象。

1997年，一个异常现象被人们发现。通过对来自遥远超新星光线的分析，天文学家得出了一个令人吃惊的结论——宇宙正在膨胀，且这种膨胀正变得越来越快。这一出乎意料的发现震惊了宇宙学家，没人知道这背后的原理。他们只能说，存在一些神秘的"暗能量"正在扩张宇宙。

这种异常，即一个看似简单的观察结果使弦理论陷入了困境。这个现象削弱了弦理论的支持者。简言之，他们无法解释这个现象——许多该理论的支持者认为，他们应停止尝试。"有一个直截了当的答案摆在我们面前，"他们说，"我们的宇宙只是众多宇宙中的一个，每个宇宙都有自己不同的特征参数。"他们认为，在我们的宇宙中试图找出其他宇宙为何具备自身特征的原因，完全是浪费时间。

但事实并非如此。在这个异常以及其他的异常中，都存在一些鼓舞人心的事情。托马斯·库恩（Thomas Kuhn）在20世纪60年代早期撰写《科学革命的结构》时，他想研究科学史，为科学发现提供线索。那些线索让他发明了一个术语（现在看来，已是陈词滥调）：范式转换。科学家们依据自己心中认为世界是如何运行的想法开展工作。无论实验性还是理论性，他们所做的一切都是在这一系列思想的基础上提出。事实上，一定会有一些证据与想法不符。起初，这些证据会遭到忽视或懈怠；然而，这些异常终会堆积如山，以至于不能再被忽视或被懈怠。那时，危机就爆发了。

库恩说，危机之后，很快就会出现范式转换，每人都会以全新的方式看待这个世界。因此，人们孕育出了像相对论、量子理论和板块构造理论那样的思想。

暗能量的发现是另一个危机。你可以看到，暗能量的存在令人沮丧，它暗示着科学的发展已陷入僵局。同时，它也能令人兴奋，鼓舞人心。现在，人们已拥有了一些发现，或许会在不久的将来取得突破。更令人兴奋的是，暗能量并非我们时代唯一的异常现象，更非最独特的。

暗能量并非宇宙学中唯一的异常现象，另一异常现象是暗物质，在20世纪30年代被首次发现。几乎完全遵循库恩范式的模板，暗物质被忽略了将近40年。华盛顿特区卡内基研究所的天文学家薇拉·鲁宾（Vera Rubin）明确指出了它的存在，并警示人们关注。20世纪70年代早期，鲁宾发现，星系的形状、大小和旋转提示星系间的吸引力存在问题，或者说空间中的物质比我们看到的要多得多。没人想去否定牛顿的万有引力定律，但我们确实对暗物质知之甚少。

科学正掌握着宇宙运行的规律，这的确令人欣慰，但事实却描述了一个不同的故事——暗物质和暗能量，占据了我们宇宙96%的组成。两个异常的科学结果告诉我们，我们只能看到被我们称为"宇宙"的世界的一小部分。好消息是，宇宙学家现在或许已从库恩危机中走了出来，正在重塑我们的宇宙——也许，他们某日能设法解决范式转换导致的问题。

其他的同样令人激动的异常现象，也等待着革命性变革的那一天，或许等着我们的注意力距离事实真相更近的那一天。（1）安慰剂效应是存在的：精心策划、严格控制的实验多次证明调整精神状态可以影响人体的生物化学反应，以消除疼痛并产生令人吃惊的医疗效果。如同人们对暗物质的理解，除上述现象之外，没人能确定安慰剂效应真的存在。（2）冷聚变实验，即在常温条件下金属原子发生了核反应，安全地释放出比输入更多的能量，该实验受到了将近20年的怀疑。最近，美国能源部宣布，可信的实验证据表明，新一轮的冷聚变实验研究值得资助。问题是，冷聚变现象与所有现代物理学的认知格格不入——人们还不能解释它为何会发生，甚至不能提供它发生的确切证据。但它仍然值得研究，我们的发现暗示，存在一种新的、更深层次的物理学理论，或许能对科学的许多方面产生巨大影响。（3）来自外太空"智慧生命"的信号，已过去了30年仍无法得到解释。（4）尽管存在相反的科学证据，但我们的自由意志是否存在仍然是谜。（5）被未知力量推离轨道的航天器。（6）我们用最好的生物学理论解释性和死亡的起源时遇到了难题……问题列表还在继续。

哲学家卡尔·波普尔（Karl Popper）曾（或许是苛刻地）说，"科学可能被描述为系统的、过度简化的艺术。"虽然科学本身是一个过度简化的产物，然而，人们在科学研究中仍需保持十分谦虚的态度。事实上，科学家们常常忽略这点。他们通常认为，似乎一切都在他们的能力范围之内。暗能量被认为是物理学中最令人尴尬的问题，但事实并非如此，它也是物理学中最大的机会——它让我们有理由去检验现存的过度简化的理论，尝试修正并将我们带入一种新的认知状态。科学的未来取决于认识那些看起来没有意义的事物，我们解释异常现象的尝试正是推动科学前进的动力。

16世纪，一系列天体运行的异常现象导致天文学家尼古拉斯·哥白尼（Nicolaus Copernicus）意识到，地球围绕太阳旋转——而不是相反。18世纪70年代，化学家安东尼·拉瓦锡（Antoine Lavoisier）和约瑟夫·普利斯特里（Joseph Priestley）通过实验结果推断出氧气的存在。这些结果都违背了当时的所有理论。几十年来，很多人注意到南美洲东海岸和非洲西海岸之间的形状具有相似性。但直到1915年才有人指出，这或许不是巧合。阿尔弗雷德·魏格纳（Alfred Wegener）具有洞察力的观察形成了我们的板块构造和大陆漂移理论。这一个观察结果消除了地质科学研究"拼凑"的性质,并形成了一个统一的理论,开辟了人们对数十亿年地球历史的研究领域。查尔斯·达尔文(Charles Darwin)在生物学领域做了类似的壮举,建立了自然选择进化理论。人们以往只能对地球上各样的生命进行评论,而不能将它们联系在一起的日子突然结束了。这不仅是实验和观察的问题,这是一系列智力活动的飞跃。例如,两种理论的不协调导致阿尔伯特·爱因斯坦建立了相对论。这是一种革命性的理论,它永远地改变了我们对空间、时间和浩瀚宇宙的看法。

爱因斯坦并未因相对论获得诺贝尔奖,而是另一个异常现象,热辐射的奇怪本质给他带来了科学的终极荣誉。马克斯·普朗克(Max Planck)观察黑体辐射后提出,辐射可以被认为是以块状或量子形式存在的。对普朗克而言,这种量子理论只是一个简洁的数学技巧,但爱因斯坦用它证明了更多的现象。受普朗克研究的启发,爱因斯坦证明了光线是量子化的——而且,实验揭示了光线的能量以量子状态释放。正是这一发现,说明了宇宙的基石是以量子化组成的,这一发现使爱因斯坦获得了1922年的诺贝尔物理学奖。诺贝尔物理学奖可不是一切问题的答案——我在大都会酒店大厅的所见非常清晰地说明了这点。为什么这三个人,当代人中最聪明的三个人,不能看到明显的电梯门解决方案?我开始畅想,爱因斯坦在这种情况下是否也是在电梯里挣扎。如果他也是这么做的,那么,即便他曾向万能的上帝挥舞拳头,此刻的他也只能呼救。

对科学家而言,承认被电梯门卡住并不容易。关上电梯门是迈向新的、令人兴奋的道路的第一步,然而,科学家们已失去了去认识它的习惯。相对地,一旦你做到了,并让你的同事帮助解决棘手的问题,而不是傲慢地忽略它,你将能继续自己的旅程。在科学研究中遇到障碍或许是你即将迈出一大步的重要标志。

在某种程度上,没有意义的事情或许是唯一重要的事情。

1 失踪的宇宙

我们仅能找到4%的宇宙

位于亚利桑那州弗拉格斯塔夫附近的印第安人部落对人类和平与社会和谐有一个有趣的说法。根据他们的传统观点,生活中的困难和困惑皆根源于天上星星紊乱的排列或是星星的缺失。夜空中的宝石本可以帮助我们寻找宁静而满足的生活,但黑夜女神在漆黑的夜空用星星写下道德法则时,她身边的草原狼失去了耐心,将星星从碗里抛了出来,撒落于天空,引起了天上星座排列的紊乱和人类生活的混乱。

那些整夜在弗拉格斯塔夫凝视夜空的天文学家也许可以从上面的传说中找到安慰。在弗拉格斯塔夫的山顶,天文学家们用望远镜观察星星的移动轨迹,但观察结果让他们陷入了深深的困惑。20世纪初,人们用弗拉格斯塔夫洛厄尔天文台的克拉克望远镜持续观察星空,结果有了现代科学史上最奇怪的发现——宇宙的大部分失踪了。

如果科学的未来依赖于奇妙的未知事物被发现,那么,宇宙会给我们很多惊喜。我们渴望知道,宇宙由什么组成以及它如何运行。换句话说,人们希望知道,构成宇宙的基本粒子是什么?引导这些粒子相互作用的力又是什么?这也是物理学家梦想的"终极理论",一个关于宇宙组成和运行规律的简洁理论。现实世界,报纸、杂志和电视通常会给我们一种印象——人类几乎无所不知。不过,事实却恰好相反,现代科学知识远不足以让我们理解微观粒子及其相互作用力,"终极理论"的构建非常困难。

我们正生活在宇宙学的"黄金时代"——我们已知道了许多关于宇

宙的知识，也知道了它如何演变为今天的状态。然而，我们对宇宙的主要成分却知之甚少。宇宙中的大部分组分似乎失踪了，具体一点，96%的宇宙失踪了。

我们发现，似乎存在一只"看不见的手"牵引着遥远星系中的星星，让它们停留在合适的位置，阻止它们飞向无垠的宇宙。根据我们的计算，这些"看不见的手"（被科学家们命名为"暗物质"）几乎占据了宇宙总质量的四分之一。遗憾的是，"暗物质"只是一个名字，我们并不清楚它究竟是什么。

同时，宇宙中还存在"暗能量"。当阿尔伯特·爱因斯坦发现质量和能量是同一事物的不同方面时，质能方程被创建出来——$E = mc^2$。爱因斯坦在无意中提出了现代物理学中公认的、最尴尬的难题。暗能量是科学家们给这种幽灵一般的未知能量取的名字。暗能量加快了我们的宇宙扩张，在星系之间创造出了更多的"空旷"空间。使用爱因斯坦的方程作质能转换计算，你会发现暗能量的总质量竟相当于宇宙总质量的70%（爱因斯坦提出，质量和能量可以相互转换）。没人知道暗能量来自何处，它是什么，它是否会永远持续加速宇宙的膨胀，它是否会被最终耗竭。当讨论宇宙的主要组成成分时，人们发现，无人能知道更多。我们熟悉的世界是由原子组成的，但这仅仅是宇宙质量和能量的一小部分。宇宙的主要组成成分还是一个未解之谜。

我们是如何发现这个未解之谜的？这源于一个人对火星生命的痴迷。1894年，一位富有的马萨诸塞州实业家珀西瓦尔·洛厄尔（Percival Lowell）迷恋上了一个想法——火星这个红色星球或许存在外星文明。尽管他遭到了同时代众多天文学家无情的嘲笑，洛厄尔仍决定去寻找无可辩驳的天文证据以支持自己的信念。他派人探查了美国的许多地方，最后选定了亚利桑那州的弗拉格斯塔夫作为完成这个任务的完美地点，因为这里的天气条件良好。在使用小型天文望远镜执行观察任务数年之后，洛厄尔从波士顿制造商那里购买了一个24英寸口径（在当时已属巨型口径）的折射望远镜，将它沿着圣达菲铁路运到了弗拉格斯塔夫。

由此，拉开了大天文时代的序幕。该望远镜花费了洛厄尔二万美元，被安置在马斯山顶一个壮观的、松林覆盖的穹顶之上，并以洛厄尔所痴迷的方法给予了夸张的名字：克拉克望远镜。该望远镜在历史上也获得了应有的地位——20 世纪 60 年代，阿波罗宇航员第一次用它来确认他们的月球着陆地点。而在此前的几十年，一个认真且保守的年轻人，维斯托·梅尔文·斯里弗（Vesto Melvin Slipher）用它启动了现代宇宙学。

斯里弗 1875 年出生于印第安纳州的一个农场。1901 年，他在获得力学和天文学的文凭后不久，来到了弗拉格斯塔夫，成为了珀西瓦尔·洛厄尔的助手。由于斯里弗的一个指导教授的勉强推荐，洛厄尔在一个短期考察后勉强聘用了斯里弗。53 年后，斯里弗从天文台台长的位置退休。然而，研究进展并不如洛厄尔所愿。

虽然斯里弗同情他老板对寻找火星生命的痴迷，但他对此并不太感冒。斯里弗更着迷于宇宙中运行的、由气体和尘埃组成的行星和恒星。在他那个时代，天文学家面临的最大难题之一是旋涡星云之谜。这些夜空中的微弱光芒被认为是由无数的星星聚集而成。哲学家伊曼努尔·康德（Immanuel Kant）将其称为"宇宙岛"。也有人认为，这些旋涡星云不过是遥远太空中的行星系统而已。

1917 年，阿尔伯特·爱因斯坦在对宇宙的运行方式作总结性描述时，他急需知道一个实验结果才能完善自己的理论。他想问世界各地的天文学家——宇宙到底是在扩张？还是在收缩？抑或维持原状？

爱因斯坦的方程描述了时空关系（空间的三维结构与时间共同构成了我们的宇宙），关系如何构建有赖于宇宙中物质和能量的多少。根据该方程计算，宇宙是膨胀或收缩与重力的作用相关。如要宇宙模型维持稳定，他不得不在方程中放入"反重力"，以对抗重力的作用。然而，爱因斯坦并不想这么做：质量和能量产生引力是可以理解的，但"反重力"的存在令人费解。

对爱因斯坦来说，不幸的是，当时的天文学家们一致认为宇宙的大小是不变的。爱因斯坦曾心情沉重地表示，"反重力"阻止了他理论中的宇宙的膨胀或收缩。由于该参数影响的是具有宇宙距离的事物，而非太阳系内的常见现象，它因而被称为宇宙常数。爱因斯坦抱歉地表示，"该常数不符合我们对万有引力的实际认识，仅是为了使方程与数据吻合。"可惜的是，那时，没人注意到维斯托·斯里弗的结果。

斯里弗一直使用克拉克望远镜测量星系是否相对于地球运动。为此，他使用了光谱仪，一种可以将望远镜收集的光线分解为组成颜色的仪器。通过观察来自旋涡星系的光，斯里弗意识到，星光颜色的改变与星系是接近地球还是远离地球相关。光线的颜色是由光线频率的不同而导致，电磁辐射每秒的振动次数不同。当我们看到彩虹时，实际上看到的是不同频率的辐射。紫光是一种频率相对较高的辐射，红色是频率相对较低的辐射，其他颜色光线介于两者之间。

也许，你已经知道了什么是多普勒效应：辐射的频率随运动方向而改变，就像大街上的救护车从我们身边经过时警笛声频率的改变。如果彩虹快速向你移动，那么，所有的颜色都会朝着光谱的蓝端移动。如果彩虹向你快速移动，被你看到的光线的频率将会增加，这就是蓝移。如果彩虹快速离你远去，被观察到的光线数量将会减少，光线频率将会降低，并向着光谱的红端移动，这就是红移。

来自遥远星系的光线也具有类似现象。如果星系向着斯里弗望远镜飞来，光将产生蓝移。如果星系加速远离地球，光将产生红移。因为，人们可以通过星光频率的变化幅度计算出星系的移动速度。

1912年，斯里弗完成了4次光谱测量，结果发现：3个星系产生红移，1个星系产生蓝移，即仙女座星系。在接下来的两年时间，斯里弗测量了12个星系的运动，结果发现，除了1个星系之外，其他星系均在红移。这是惊人的结果。该结果是如此令人震惊，以至于当他在1914年8月的美国天文学会会议上展示自己的结果时，得到了与会者的起立鼓掌。

斯里弗是天文学界的无名英雄。根据美国国家科学院的传记记载，"斯里弗的发现可能比其他20世纪观测天文学家的发现更重要"。尽管他做出了非凡的贡献，但他得到的认可却不多——以他的名字命名的陨石坑仅有2个，分别在月球和火星。

斯里弗不为人知的原因在于其自身：他很少真正与人交流自己的发现，只是偶尔写一篇简洁的论文以传播。偶尔，他才会将自己的结果通过信件发给其他天文学家。根据传记，斯里弗是个"保守的、沉默寡言的、小心谨慎的人。他总是避开公众视线，甚至很少参加天文学会议"。斯里弗在1914年8月的行为可称之为异常之举。然而，上述发现却成就了英国天文学家埃德温·鲍威尔·哈勃（Edwin Powell Hubble）。

剑桥大学的宇宙学家史蒂芬·霍金（Stephen Hawking）在他的作品《果壳中的宇宙》中作了一个牵强附会的观察。在比较了斯里弗和哈勃职业生涯的履历后，他指出了哈勃在1929年是怎样发现宇宙在膨胀。霍金指出，"斯里弗于1914年8月在美国天文学会会议上第一次公开讨论自己的发现时，观众全都站起来鼓掌——当时，哈勃正在演讲现场。"

1917年，在爱因斯坦向天文学家们求证他们宇宙观的同时，斯里弗的光谱观测表明：在25个星系中，有21个正飞离地球，仅有4个在靠近。这些星系都以惊人的速度移动，平均时速超过200万公里。这是令人震惊的事实，因为人们印象中的天空的星星不是这样。当时，银河系被认为是整个宇宙，恒星与地球的距离是相对不变的。斯里弗改变了人们的上述印象，让我们的宇宙运动起来。斯里弗说，"星云其实是距离十分遥远的恒星系统"。斯里弗无意中发现，宇宙包含无数星系，这些星系正飞向远方。

当星系运动的测量结果发表在《美国哲学会会刊》时，没人注意到这些结果。而且，斯里弗的性格也注定了他不会庸俗地寻求人们关注自己的工作。然而，哈勃并未选择忽略。他找斯里弗拿来了相关数据，并写入了一本关于相对论的著作。1922年，斯里弗送给哈勃一份星系的移动速度表。1929年，哈勃出版了斯里弗和一些天文学家（包括他自己）

的观察结果，并提出了一个引人注目的结论。

观察那些远离地球的星系并根据它们与地球的距离绘制速度图，你会发现，离地球越远的星系的移动速度越快。如果一个星系与地球的距离是另一个的两倍，那么，它远离地球的速度也是另一个的两倍。如果一个星系与地球的距离是另一个的三倍，那么，它远离地球的速度也会是另一个的三倍。对哈勃而言，只有一种可能的解释——这些星系就像粘在气球表面上的小纸片，随着气球被吹涨纸片并不变大，但的确分开了。星系之间的空间的确变大了，哈勃发现，宇宙正在膨胀。

这是个令人兴奋的时刻。随着宇宙膨胀理论的出现，宇宙大爆炸的想法在20世纪20年代被首次提出，形成了新的宇宙观。如果宇宙正在膨胀，那么，曾经的它一定存在更小更致密的阶段。天文学家开始思考，宇宙之初是否为绝对致密的点。维斯托·斯里弗的工作是我们宇宙起源的第一个证据，它也同时揭示了我们宇宙的大部分仍是未解之谜。

为了理解大部分宇宙是如何丢失的，我们可以做如下实验——"将一个重物绑在长绳的一端，拉动绳子让重物做圆周运动。你可以看到绳子末端的重物开始缓慢移动，此时你不会感到头晕。这时，收紧绳子，让重物的运行轨道变短。为了让它在空中保持旋转状态，你必须加快它的移动速度——随着速度的增加，重物的可视化越来越模糊，直至消失。"

同样的原理也适用于行星运行。与遥远的海王星相比，地球的运行轨道距离太阳更近，其移动速度也比海王星更快。原因很简单：与力的平衡有关。由于距离的远近，太阳对地球的引力远大于对海王星的引力。地球必须移动得更快才能维持自己的轨道。海王星距离太阳太遥远，它只需较慢的速度就能维持自己轨道的稳定。如果海王星的移动速度与地球一样，它将快速飞离我们的太阳系。

任何天体的轨道都遵循如下原则：引力和离心力的平衡。这意味着，越远的天体移动速度越慢。1933年，名为弗里兹·扎维奇（Fritz Zwicky）的瑞士天文学家提出了一个发现，却未得到人们的关注。

在金门大桥开始建设那年,也是 43 岁的阿道夫·希特勒(Adolf Hitler)当选德国总理那年,扎维奇注意到后发座星系团的一些奇怪之处。简单地说,就是一定质量的天体发出一定强度的光线。因此,扎维奇通过观察后发座星系团发出的光线强度,可估计出其中的物质含量。扎维奇遇到的难题是,该星系边缘的星星移动速度太快,以至于可见物质的引力不足以维持其运动轨迹。根据扎维奇的计算,唯一的解释是,星系团中不可见物质的质量是可见物质的 400 倍。

这足以启动暗物质探寻计划,但事实上却没有——因为这对科学是一个灾难。在互联网上搜索扎维奇,你会发现:辉煌与特立独行相伴,天才与难以忍受为伍。例如斯里弗,虽然他拥有许多伟大的发现,但他在天文学教科书中并不出名。他是第一个发现星系可以形成星系团的人,他还创造了"超新星"这个名词。他理应属于天才的那类人。他在加利福尼亚圣加布里埃尔山的威尔逊山天文台旁建造了一个滑雪坡道。冬天,扎维奇可以用滑雪板练习,以保持自己的滑雪跳跃技巧。事实上,他更需要的是,提高自己的人际交往能力。因为他是一个挑剔和难以交往的人,认为自己是一个天才,并深信自己从未得到应有的承认。他倾向于称呼他所有的同事为,"球形混蛋"——不论从哪个方面看,他们都是混蛋。这也解释了,为何扎维奇的同事们对他发现星系团质量失踪的事实视而不见。

然而,扎维奇是正确的。星系的总质量与可见物质的总和并不一致。除非,可见物质的总质量加上宇宙中广泛存在的大量暗物质质量。1939 年,在得克萨斯的麦当劳天文台观察到此现象之后,荷兰天文学家扬·奥尔特(Jan Oort)也提供了证据。奥尔特在演讲中指出,"椭圆星系不同部位发射出的光的强度存在差异,说明其质量分布也存在差异。"3 年后,奥尔特在发表的文章中公开发布了以上数据,明确阐明了上述观点。然而,经典的库恩范式效应再次发挥了作用,没人对此发生反应。这种忽略的强大惯性持续了几十年,直到某个因素发挥作用,人们终于听到了薇拉·鲁宾(Vera Rubin)的话。

鲁宾22岁时就在宇宙学上取得了第一个大成就。1950年除夕,《华盛顿邮报》刊登了一篇美国天文学会对她的专访,并以"年轻母亲通过星星的运动推测出了造物的核心"作为标题称赞她的成就。该文章描述鲁宾的工作是,"如此大胆……以至于大多数天文学家认为她的理论不可行。"她最大胆的工作是,促使人们认真对待暗物质。

最初,鲁宾也没有认真对待自己的理论。她说,自己发现该理论的过程就是一个反面教材,说明科学家的迟钝。1962年,鲁宾在华盛顿特区乔治城大学教书,她的大多数学生来自美国海军天文台。她回忆说,"他们都是很棒的天文学家。他们一起绘制出了银河系的自转曲线图。该图显示了距离银河系中心不同距离的恒星的速度变化"。理论上说,系在线端的重物在你头顶上旋转,距离越远速度越低。不过,鲁宾和海军天文台的研究者并未观察到此现象。在远离星系中心的地方,星星的运行曲线变得平坦。研究者们在随后的三篇论文中发表了上述结果。然而,当时的鲁宾对此非常茫然。

3年后,1965年,鲁宾在华盛顿的卡耐基学院找到了一份工作。此时,类星体是已知的最遥远的物体。鲁宾在参与寻找类星体的残酷竞争1年后,她决定少参与竞争的事,多做一些能独自完成的事情。她决定观察银河外星系,因为没人研究过——所有人都只关注热点。鲁宾完全忘记了自己与海军气象天文台学生合作完成的工作——事实上,她从一开始就不相信自己的结果。她观察恒星光谱的运动测量星球的运动速度。鲁宾每晚能收集大约4个光谱,这些光谱的发生源距离银河系的中心越来越远。虽然光谱发生源与银河系的距离不同,但它们的强度看起来非常相似。

"你总是认为下一个点会下降,"她说,"然而,并没有。"

最终,她得到了自己想要的结果。1970年,鲁宾绘制出了仙女座星系的旋转曲线。不论距离多远,这些恒星的速度均保持不变。按理说,在仙女座星系边缘高速运动的恒星应该受离心力抛入深空,进而导致仙女座分崩离析。但这样的事情并未发生,这就只有一个解释——仙女座星系被暗物质的光环包围。

没人知道暗物质到底是什么。剑桥的马尔科姆·郎格尔（Malcolm Longair）教授撰写宇宙学启蒙读本《我们进化的宇宙》时，列出了一些可能存在的东西。该列表的顶部是，星际行星与低质量恒星之类的事物，底部是《天体物理学杂志》上的内容。暗物质显然是一个合适的、排在最后的候选项。如果暗物质被证明是上述问题的答案，将演绎出一个令人高兴的且具有讽刺意味的与暗物质相关的故事。1970 年，鲁宾在《天体物理学杂志》上发表了自己的研究结果，将暗物质带入了大众的视线。

你不一定能从论文中学到什么。该论文的标题平淡无味，《从辐射区域的光谱测量研究仙女座星系的旋转》，论文的摘要也很普通。同时，论文的结论也令人失望，只展现了仙女座星系恒星旋转速度的测量数据，并未陈列更多的内容。该文第 12 页的图片至今仍挂在华盛顿特区卡耐基学院地磁系鲁宾的办公室墙上。直到该论文已出版那么多年的今天，其研究内容依然像发表时一样神秘。

在仙女座星系的外层空间存在无形物质的想法并未被立即得到认同，但至少这一次它未被忽视。37 年来，天文学家们第一次认真考虑这个问题。例如，他们开始建立自己的星系旋转曲线，并提出异想天开的解释以说明质量在星系间的分布。鲁宾说，这些努力没能让自己信服：因为有几个星系运行的关键点总是偏离旋转曲线且遭到了人为忽视，这导致上述解释变得可笑。

到 20 世纪 80 年代，天文学家们发现关于星系间引力的异想天开的说法都不合适。最好的解释是，存在一些物质，它们既不像恒星那样发光，也不反射光线，或者发出可探测的辐射，或者以任何方式使人们知道它的存在——除了它的引力作用。现在的任务是，找出这个奇怪的东西。

1980 年，哈佛大学举行了第一次关于暗物质的学术会议。在会上，鲁宾自信地向观众宣布：我们将在 10 年内知道什么是暗物质。10 年过去了，这个目标并未实现，这说明人们有多么不理智。1990年，在华盛顿特区举行的一次会议上，英国天文学家马丁·里斯（Martin Rees）告诉听众，这个秘密将在未来10年内得到解决。然后，1999年（距离最后期限到达的1年前），里斯提出延期，并说："我对此持乐观态度。再给我5年时间，我能解密暗物质是什么。"

显然，里斯太乐观了。至今，我们也不知道暗物质是什么。一系列奇思妙想被提出台面：从黑洞到具有奇特属性的未知粒子。到目前为止，没有一个理论符合已知事实。真知难以被人们轻易发现。

寻找暗物质的工作是勇敢者的游戏，30年来，人们一直未能发现暗物质是有原因的。然而，科学家寻找暗物质已有了一些好的想法。物理学家们通过建立模型，推测出宇宙大爆炸创造出了什么样的粒子，哪些粒子可能具有暗物质的特性。他们最好的猜测是"弱相互作用大粒子"（缩写为WIMP）。如果这是正确的，那么，将有大量的暗物质需要搜寻。根据粒子物理学家们提出的理论，地球正在暗物质组成的迷雾中漂流，每秒约有10亿个WIMP穿过你的大脑。

在所有的WIMP中，"中微子"是一个适合的候选对象。宇宙大爆炸过去了130亿年，它仍然非常稳定。它很难被看见或被感觉到，也不会被原子核内的强相互作用力影响，它和电磁场不产生相互作用。至关重要的是，它具有足够大的质量——大约为质子质量的100倍，能对星系运行产生显著的作用。唯一的问题是，没人知道它是否真实存在。

如果你想通过实验找到暗物质存在的证据，必须让它与某些东西相互作用。发现暗物质最好的机会来自于它与原子核的相互作用。研究者们使用了大型的硅、锗晶体阵列或者装有液态氙的大桶来研究暗物质。他们希望某个WIMP能直接击中这些大原子的原子核。当这种情况发生时，晶体中的原子核会产生一个弱的反冲信号，或者导致液态氙产生一个电信号。不过，上述方法也存在问题。

首先，原子核一直在振动。因此，物理学家需要尽量让它们保持静止态，以避免仪器检测到错误信号。例如，晶体阵列必须冷却到接近绝对零度,即一切原子停止运动的温度。这是麻烦且困难的。还存在第二个问题:宇宙射线。

地球不断地被宇宙空间中的高速粒子轰击。这些宇宙射线可产生与 WIMP 完全相同的信号,而被 WIMP 探测器检测。因此,搜索工作必须在地下深处进行,在宇宙射线无法触及的地方。这是一个复杂的问题,使暗物质研究者们工作在地球上一些最难接近的实验室中。意大利的研究人员将探测器放到了山的内部;英国的中微子研究人员则在地下 1100 米开展工作——在一个位于海底的钾盐矿隧道中;美国的研究人员在位于明尼苏达北部地下 700 米的一座废弃的铁矿中放置了暗物质检测器。

当你了解了这些研究者的工作环境时,你将知道他们有多么不容易。然而,截至今天,他们仍未发现任何东西。搜寻工作进行了 10 多年,事实上,许多研究人员已投入了 20 多年的生命探索暗物质。他们不断地升级设备,使检测器更加敏感。现在,我们仍不能确定是什么形成了宇宙中奇怪的拉力。

虽然这些奇怪的东西构成了宇宙的四分之一,但我们却不知道它们究竟是什么,这让人难以接受。不过,令人感到安慰的是,我们至少注意到了它的缺失。否则,很难想象我们会犯什么样的错误。1997 年,人们意识到,还有另一部分宇宙也缺失了——如果暗物质的存在是一个问题,那么,暗能量的发现则是一场灾难。

如果宇宙像哈勃所提出的那样正在膨胀,那么,有两个问题会立即浮现在大家的脑海——第一,它扩张的速度有多快?第二,它会永远持续扩张吗?

第一个问题的答案可通过测量星系后退的速度和它们与地球的距离来测量。你不能只测量一个星系远离我们的速度(即宇宙膨胀率),因为空间扩大的方式会搅乱你用常识做出的判断。一个星系离我们越远,它离开我们的速度就越快,因为地球和星系之间的空间也在扩大。这个扩张的速度被称为哈勃常数,是宇宙膨胀率的一个量度。目前,我们认为,数值大约为每 300 万光年的距离上星系远离地球的速度是每秒 70 公里。哈勃常数的准确性不应太过苛求，因为更好的测量方法或许会改变其数值。

此外，我们可以从很多方面回答第二个问题，且答案更有趣。如果在大爆炸后立即发生了宇宙膨胀，那么，膨胀应该会随着时间演进而减慢——宇宙中所有物质的相互吸引会降低宇宙进一步的膨胀。这样看来，我们宇宙的未来取决于宇宙中物质数量的多少，以及它们的排列情况。

宇宙学家从一个非常简单的科学观察，就知道了这些问题的部分答案：我们的存在。如果大爆炸是真实的，宇宙则是在一个极度高温、致密的状态下，从特定的能量条件下开始膨胀的。如果宇宙初始能量太高，所有生成的物质都会低密度地扩散开来，以至于引力无法将原子聚集起来变成恒星、星系，甚至不能形成人类。如果物质扩散得太快，物质间的万有引力将变弱，膨胀能量将越来越占优势。那么，结局是，在形成任何有趣的事物（例如：人）之前，宇宙就分崩离析了。

相反地，另一方面，如果导致膨胀的能量太低，重力会将所有物质聚集在一起，形成一个反馈循环——物质变得更紧密，它们的引力会变得更强大，进一步将物质拉得更紧。最终，宇宙的结构将发生收缩，导致另一场大爆炸。天文学家将这个场景称为"大危机"。

只有在特定能量的膨胀能作用下，才能产生一个我们现在这样的宇宙——一个"恰好"的宇宙，拥有一个精确的物质分布方式。天文学家们采用了"欧米伽（ω）"，作为引力物质密度的简写。$\omega = 1$，相当于宇宙每立方米的空间含 6 个氢原子（在你的周围，每立方米空气大约含有 1×10^{11} 个原子），该物质密度大致可与宇宙的扩张能量相平衡。

根据该理论，恒星和星系的存在，依赖于 $1 \geqslant \omega \geqslant 1 \times 10^{-6}$。由于 ω 具有反馈特性，平衡开始则意味着平衡可以被保持。如果理论物理学家们是正确的，至今天，ω 应仍然接近于 1。问题是，我们已知的物质，包括暗物质在内，都不足以实现 $\omega = 1$。

正是这个问题导致了爱因斯坦宇宙常数的回归，这是人们不希望看到的。哈勃成功地发现了宇宙的膨胀，这意味着爱因斯坦宇宙常数应被放弃。广义相对论的方程式根本不需要修正因子，就能描述宇宙的稳态。1930年，人们就已认识到，爱因斯坦提出的反引力是令人尴尬的多余说法。谁又能想到，70年后，它竟能以幽灵般的形式转世，形成了暗能量的说法？

天文学家最早在20世纪30年代开始研究ω，以此作为预测宇宙命运的一种手段。如果$\omega=1$，宇宙将以目前的速度继续膨胀下去。如果$\omega<1$，膨胀的力量将会使物质变得更加稀薄。如果$\omega>1$，引力最终会胜出，我们的未来会出现宇宙大收缩。

最初，天文学家一直通过斯里弗和哈勃的方法研究ω，测量星系发出的光的性质。然而，我们的银河系存在太多光源，该方法很难对ω作准确测量。这就像试图通过倾听足球场上人群发出的噪声，来测量人们说话的特性。天文学家们需要的是，通过一个单一物体，测量和推断出ω的属性。1987年，他们找到了办法——如果你想了解宇宙的命运，你不得不抓住正在爆炸的恒星：超新星。

我们观察天空中的超新星已几个世纪了。1572年，丹麦天文学家第谷布·拉赫发现了超新星的爆发，这比望远镜的发明提前了30多年。当恒星变得巨大并在自身引力下坍塌时，会出现超新星。在坍塌发生的几个星期或几个月，恒星变成了中子星甚至黑洞，并以100亿个太阳的能量强度发光。1987年2月23日，星期一，我们看到了这样一个景象。在大麦哲伦星云中，一颗蓝巨星"sanduleak-69202"爆发成了超新星。它受人瞩目的原因有两个：第一，它是自1604年以来最亮的超新星；第二，它发出的光成为了第一个测量宇宙距离的标准。

人们将它们称为1A型超新星，它们发出的光具有独特性，从而被多数天文学家关注。1A型超新星从附近的恒星吸收了太多的物质，导致了爆炸的发生。分析这种爆炸产生的光谱及其亮度衰减的速度，可以知道：光到达地球前走过的距离，以及空间膨胀如何拉长了光的旅途。

唯一的缺点是，人们的观察时间有限。对于超新星，时间就是一切。如果想得到有用的信息，你必须在光到达地球的几周内发现它。由于每个星系每世纪大约发生一次超新星爆炸，这意味着我们需用望远镜同时扫描观察许多星系。

天文学家需要长期面对这种乏味的工作。例如，在位于弗拉格斯塔夫的洛厄尔天文台，你可以体验天文学家斯里弗每日的无聊经历。当他带领团队寻找冥王星时，所使用的技术是比较同一天体的位置差。他们将摄影于不同夜晚、同一天空区域的两张相片底片放入一台名为"眨眼比较仪"的机器。视线在两个几乎完全相同的视图间穿梭，首先发现移动过的白色圆点的人即为获胜者。那个移动的白点就是他们正在寻找的冥王星。

幸运的是，在洛厄尔的展厅中，已有人用白色的大箭头标出了被移动的圆点。现代图像读取技术使超新星的发现变得容易。今天，我们有计算机可以提供大号的白色箭头。计算机能比较两张不同的天空照片，然后突出显示它们之间的差异。一些光线亮度的改变是小行星；一些光线亮度的改变与星系中心的黑洞相关；一些光线亮度的改变是来自亚原子粒子在地球大气中闪烁产生的虚假信号。偶尔，一个光线信号的改变来自一个遥远的超新星。

1996 年 6 月，超新星数据的第一个准确解释来自于加利福尼亚的劳伦斯伯克利国家实验室。该消息是在庆祝普林斯顿大学 250 周年而召开的宇宙学会议上公布的。普林斯顿大学是阿尔伯特·爱因斯坦曾经工作过的地方，也是复活爱因斯坦宇宙常数的适合地，爱因斯坦正是在这儿提出了他的宇宙常数理论。

当天文学家第一次试图使用超新星绘制宇宙膨胀图时，他们确信自己将发现一个膨胀减速的宇宙。毕竟，宇宙大爆炸的力量终会被耗尽，重力的作用会越来越明显，宇宙膨胀总有刹车的时候。然而，事实证明，宇宙可没我们想象的那么简单。

乍一看，劳伦斯伯克利国家实验室证实了人们的疑问。从超新星发出的光表明，宇宙的膨胀速度正在减慢：宇宙物质的引力正在减慢宇宙的膨胀速度，并将ω拉近至1。

不过，这是一个有争议的发现。宇宙中所有已知的引力物质，包括暗物质在内，都只能将ω值设定为0.3。每个人都低估了暗物质的数量吗？这似乎是不可能的。目前，有多种方法运用于确定星系质量。这些方法得出的结果都给出了一个大致相同的数值，都表明宇宙的物质总量比我们能观察到的多得多。

如果暗物质的存在具有坚实的基础，那么，宇宙到底发生了什么？宇宙学家迈克尔·特纳（Michael Turner）和劳伦斯·克劳斯（Lawrence Krauss）在普林斯顿会议上提出，他们有一个现成的答案：为什么不把暗物质定义为0.3，而让别的东西弥补缺失的0.7？为什么不假设它是额外的能量？他们建议，找回爱因斯坦的宇宙常数。

通常情况下，实验将战胜理论物理学家们的猜测。索尔·珀尔马特（Saul Perlmutter）发表了他领导的劳伦斯伯克利国家实验室研究小组的研究结果。超新星的数据表明，引力物质可以解释几乎所有的ω值的形成原因。没人需要恢复宇宙常数，人们只是需要补充暗物质的不足。在暗物质之外，一定还有更多的东西。

麻烦的是，珀尔马特的结果也存在自己的问题。如果你知道宇宙中的物质密度、目前的膨胀率（哈勃常数），以及宇宙膨胀减缓的程度，你将能计算出宇宙膨胀了多长时间。换句话说，这也是宇宙的年龄。ω＝1，已经是大家公认的事实。从劳伦斯·伯克利的宇宙减速数据计算，宇宙的年龄不超过80亿年。不幸的是，天文学家们在分析了宇宙最古老恒星的星光之后确认，恒星的年龄大约为150亿年。即使不用哈佛大学培养出来的头脑也能轻松算出，这个恒星年龄几乎是前面数值的两倍。这样看来，宇宙的年龄似乎不应该是80亿年。如果用宇宙常数构成ω值，试图让物质的数量实现ω＝1将非常困难。唯一的可能是，暗物质对应ω＝0.3，其余的0.7另有所属。

并非每人都对这一僵局失望，罗伯特·基什内尔（Robert Kirshner）就是其中之一。哈佛天文学家们担心自己研究超新星的结果出来得太慢，难以与劳伦斯伯克利国家实验室的研究团队竞争，而处于劣势地位。但现实情况似乎表明，关于理解宇宙命运的竞赛是完全开放的。

在基什内尔的著作《奢侈的宇宙》中，他清晰而睿智地讲述了搜索超新星和恢复爱因斯坦宇宙常数背后的故事。最后，他列出了一个表格，第一次提出了宇宙学新纪元的定义。这是他战胜了自己的偏见之后而提出的。

基什内尔的团队，由来自世界各地的多位研究人员组成。他们利用在智利、美国亚利桑那州和夏威夷高山顶上的望远镜观测超新星。与劳伦斯伯克利国家实验室类似，他们通过望远镜月复一月地寻找新的超新星，然后通过哈勃太空望远镜作详细观测以确定真正有希望的候选对象。哈勃太空望远镜可以确定出超新星距离地球的距离，及其爆炸过程中光线的光谱变化情况。

最终，他们得到了他们所要的结果。然而，他们却丝毫高兴不起来。

遥远的超新星的爆炸程度明显弱于人们的预期，即光线经过了比人们预期更远的距离。伯克利基什内尔天文学研究团队的天文学家亚当·里斯（Adam Riess）第一个明确指出，这些数据表明宇宙膨胀正在加速。

听上去，人们非常不愿接受。但是，超新星的研究成果正告诉大家这样一个事实。里斯每次使用超新星数据，包括其亮度、红移、随时间的光线衰减等计算 ω 时，计算结果均提示宇宙中具有"负的"质量。理解上述结果的唯一方法是，假设质量不是宇宙膨胀的唯一动力。如果必须在"负的"质量和恢复被废弃已久的爱因斯坦宇宙常数之间做选择，人们只能选择后者，但这仅是一种可能。

从1998年1月的会议报告中可知，劳伦斯伯克利国家实验室的数据也得出了同样结果。研究者们完善了他们的分析，排除了星际尘埃可能对观察结果带来的影响。没人想把它搞砸，宣布爱因斯坦宇宙常数的回归成了一场精神大战，考验着每个团队对他们实验能力的信心。是公布结果，还是等一等，再做一些测试以确定数据处理中未出现差错？如果结果正确，10年的科学研究得到了回报；同时，也可能出现跟爱因斯坦一样的错误。

基什内尔不喜欢这个结果，同时，他也不想出现跟爱因斯坦一样的错误。1998年1月12日，他通过邮件给里斯提了一些建议。"在你心里，知道这是错的。"他写道。

里斯在那天晚上给研究团队写了一封很长的电子邮件。他的回答听起来几乎是莎士比亚（Shakespearean）式的，就像亨利五世（Henry V）可能会说的那样，如果亨利五世是一个天体物理学家。"用你的内心或头脑，而不是用你的眼睛看待结果。"里斯写道，"毕竟，我们是观察者！"

2月底，他们发表了研究结果，大量媒体报道随之而来。里斯雄辩地告诉美国有线电视新闻网的听众，宇宙正在加速膨胀，宇宙将自己吹得分崩离析；此外，爱因斯坦宇宙常数回归了，正推动着宇宙结构的形成。在2月27日《华盛顿邮报》的报道中，基什内尔给出了一个不那么莎士比亚的说法——"这听起来很疯狂，"他承认，"但这是最简单的解释。"

即使那时，他们仍然没法高兴。研究团队的负责人布莱恩·施密特（Brian Schmidt）说得更直接。他对《科学》杂志说，他知道结果后的反应是"惊讶和恐惧"。

然而，在不久之后，劳伦斯伯克利国家实验室也得出了相同的结论。事实的确如此。是什么使宇宙分离？我们不知道。但它正推动着物理学的终极探索不断前进。

犹如"坚果的声音"导致坚果上出现裂痕，"一系列超新星爆炸产生光线的研究"也在最杰出科学家之间产生了裂痕。目前，宇宙常数回归了，但人们在如何继续开展研究方面并未达成共识。新泽西普林斯顿大学的理论物理学家保罗·斯坦哈特（Paul Steinhardt）沮丧地表示，"由于宇宙常数的问题，许多优秀的科学家似乎已放弃了我们曾熟知的宇宙。""我对大多数理论物理学家选择接受该观点感到失望。"斯坦哈特在2007年7月告诉《自然》杂志。

这场争论似乎毫无意义。事实上，宇宙中被认为"空"的空间并不空。

不管宇宙中是否含有物质，它都充斥着能量。20世纪20年代，量子理论诞生后不久，英国物理学家保罗·狄拉克（Paul Dirac）就利用量子理论描述了自然界在原子和亚原子粒子尺度上的行为方式，即用量子理论说明这些粒子产生电场和磁场特性的原因。狄拉克的量子场理论最终得出了"空"的空间具有能量的预言。由于物理学家们认为不存在物质就是真空，所以狄拉克提出的能量被称为真空能。

根据最可靠的猜测，真空能导致了超新星的"反引力"加速，真空能就是宇宙常数。问题是，超新星的测量结果告诉我们，真空能非常小，它通常用克来表示（根据爱因斯坦的著名公式 $E = mc^2$，质量和能量可以相互转换）。一个与地球的体积一般大的真空中，大约含有0.01克的真空能，这可真够小的。

然而，当理论物理学家根据量子场论计算真空能时却得出了巨大的数值。他们的理论认为，真空能非常大，如同一个巨大的超级加速器将宇宙撕得四分五裂的能量。这被人们称为宇宙常数问题，且得到广泛接受——即使接受该观点的物理学家也认为其理论和实验之间严重不匹配。100万是个大数字，即1后面有6个零；10 000亿，即1后面有12个零；宇宙常数的理论值与测量值之比，出现了120个零，120个！

面对这一失败，许多物理学家采纳了诺贝尔奖获得者史蒂芬·温伯格（Steven Weinberg）在1987年首次提出的一个想法。温伯格在他的《终极理论之梦》一书中建议，"宇宙中可能存在一个宇宙常数，而我们无法解释它的意义。如果我们的宇宙只是众多宇宙中的一个，那么，也许每个宇宙都有属于自己的不同的宇宙常数。这些宇宙中，有些是无生命的，有些会导致生命的产生，其中至少有一个宇宙可进化出人类。"这就是解释宇宙性质的人择原理。（"人择"就是指从人的角度去看待问题。)这个方法认为，本质上，我们的宇宙就该如此。否则，我们将不能身处其中去观察它。它的存在并不需要设计师或任何意图。人择原理是来自物理学家的说法，他们认为，我们的宇宙是由一系列巨大的板块构成，由多重宇宙拼凑而成，每个宇宙都有自己独特的和随机的性质。不同宇宙的宇宙常数，无须过多解释。

对宇宙常数意义的"解释"，被许多物理学家厌恶。斯坦福大学的物理学家伦纳德·苏斯金德（Leonard Susskind）说，"温伯格的观点可能是一个现代科学家最难接受的观点，因为这是难以想象的。"

这个想法太令人厌恶，它与科学精神格格不入——科学必须求真。哲学家卡尔·波普（Karl Popper）说："科学只能通过证伪而不断进步。先提出一个假设，之后，任何人都能使用实验数据去证明它的真实性。如果实验数据否定了之前的假设，可以继续提出下一个假设。只有当某个假设能经受多次实验的检验时，你才能相信它的正确。"

对于人择原理，实验验证的方法完全行不通，因为其他的宇宙对我们来说遥不可及。你无法对上述概念证伪，因为它永远无法被实验数据检验。我们不再着力于解释宇宙为何如此，而是说宇宙之所以如此是因为它成为了我们可居住的宇宙，这是科学吗？"可能是的，"苏斯金德说，"温伯格可能是对的。"如果我们要理解宇宙的演变过程，可能要抛弃卡尔·波普尔以及他的追随者的观点。苏斯金德称他们为"证伪主义"——验证是科学的终极方法。也许，不管证伪主义者如何愤怒，我们都应接受人择原理：我们的宇宙之所以如此运行，正是因为我们的存在。

虽然这个想法很难接受，但仍然有严肃的理由。量子场论认为，如果我们必须使用宇宙常数来描述宇宙，那么，多宇宙则确实存在。也许正如E. E. 卡明斯（E. E. Cummings）曾经写过的那样，"隔壁有一片美好的宇宙。"

这种说法的依据来源于量子理论的不确定性原理。该原理认为，任何系统的基本属性都没有固定数值，只是一个内在的、模糊的数值。不确定性原理应用于量子场论，可得知宇宙的局部区域具有波动的自然特性。就像一个正在充气的气球，各个部位的扩张不均一。随着宇宙的膨胀，这些波动可以长大并产生新的时空区域。换句话说，一个具有特定宇宙常数的宇宙从真空能中产生，然后不断产生新的"气泡"宇宙。这些"气泡"宇宙又不断产生出自己的子宇宙，循环往复。我们熟知的宇宙，不过是这些微型宇宙组成"泡沫海"中的一个区域。

今天，人择理论有了许多支持者，尤其是获得了理论物理学家们的支持。斯坦哈特站到了对立面，成为了少数派——如果我们不能造访这些"气泡"宇宙，研究它们是否具有不同的宇宙常数，物理学研究还有意义？

这也正是在布鲁塞尔讨论的根本问题。阿尔伯特·爱因斯坦的宇宙常数幽灵仍在人们的头上盘旋。我们是否应该耸耸肩，坦然承认我们身处其中的宇宙的常数值就该这样。我们能否面对这样一个想法——我们可能永远无法理解宇宙的大部分是什么，我们可能永远无法知道暗能量到底是什么。答案是肯定的，也是否定的——说它是肯定的，是因为我们有一天可能不得不面对这种情况；说它是否定的，是因为我们不会放弃任何希望。索尔维会议主持人，戴维·格罗斯（David Gross）曾迅速证实了1911年第一届索尔维会议提到的事情，那个让物理学家们困惑不解的事情——有些物质似乎正以一种违反质量守恒定律和能量守恒定律的方式发射粒子和辐射。第一届索尔维会议之后的几年，相关的理论建立了，这就是量子理论的发端。"人们遗漏了一些重要的东西，"格罗斯在2005年的索尔维会议上声称，"我们遗漏的，也许和当年一样深刻。"

到底什么是"重要的东西"？我们有线索吗？答案取决于你问谁。亚当·里斯的观点很激进，他用莎士比亚的修辞方式给我们描述了暗能量，提出了挑衅性的建议。他说："也许，我们对引力如何发挥作用并未完全理解。也许，暗物质和暗能量并不存在。过去的4个世纪，我们对牛顿引力定律中的微小误差视而不见，而这些误差或许正是寻找丢失宇宙的关键。"

里斯并非第一个提出这个想法的人,他也并非坚持自己的想法就绝对正确。他的观点认为,这只是一种可能性,尚待排除。薇拉·鲁宾的看法也是如此——她说:"在100名物理学家中,有99名仍然相信存在填满宇宙的暗物质是存在的,暗物质的引力使星系聚集在一起。"但是,在她看来,修改物理学的基本原理似乎是一个更好的选择。

表面上看,修改物理学的基本原理是相对简单的做法。1981年,以色列物理学家莫德采·米格罗姆(Mordehai Milgrom)曾第一次提出这种观点。简单说,调整牛顿的重力定律,可以在跨越星系甚至星系团的大范围内使重力比人们预料的更强一点。这个想法被称为"改良牛顿动力学(MOND)"。尽管它看起来无害,实际上却造成了很多麻烦。

对一个由伟大科学家创造出来的、被广泛认同的、已适用了400年的理论作修改,并建议对它作小调整,这是个勇敢的举动。当米格罗姆第一次提出上述观点时,并未引起大家的重视。当然,他也赢得了一些支持者,其中最著名的是年轻的天文学家斯泰西·麦戈(Stacy McGaugh)。

麦戈为捍卫MOND理论(修正的牛顿动力学)采取了大胆的举动,以至于他应获得一件凯夫拉防弹外套。40年前,薇拉·鲁宾提出暗物质的想法被愚蠢的科学家忽视;40年后,鲁宾的研究生麦戈教会了鲁宾另一件事——科学观点的改变有多难。

1999年3月,麦戈在德国马克斯·普朗克研究所的会议上谈到了MOND理论。当时,没人接受这个想法。在场的人说:"如果你想让我们认真对待你的理论,请提出科学假设并通过实验证伪。如此,我们才会接受。"

几个月后,麦戈在《天体物理学》杂志发表了一篇论文。在论文中,他厚着脸皮问了一个问题——"如果暗物质不存在?"

麦戈认为,宇宙微波背景辐射的特征(即大爆炸的回声)与暗物质倡导者所期望的不同。功率谱,即各种辐射的组成,将显示该特征。

MOND 理论和暗物质模型都认为，功率谱将存在一系列的波峰和波谷的形式。暗物质理论认为，第二峰将略低于第一峰，但不显著。如果没有暗物质存在，第二峰将会非常小。麦戈指出，让我们看看，数据会证实什么。

麦戈的论文发表于 1999 年底。2000 年夏，鲁宾在罗马参加一个会议，并根据麦戈的论文给天文学家们做报告——现在有数据了，没有第二峰，一点也没有。

麦戈获得了 10 分钟的发言时间。鲁宾非常震惊，当麦戈结束自己的发言时，什么也没发生。"没有一个人提出任何问题。"她回忆。她继续补充，"次日晨，一些杰出的宇宙学家开始讨论新的研究结果，但并未提到暗物质模型。"

鲁宾从那时开始对 MOND 理论印象深刻。她说，一部分原因是她不喜欢用外来的新粒子解释天文观察结果；一部分原因是主流天文学太过于擅长维护公共关系——这种一团和气抑制了正当的科学辩论。鲁宾一直是科学界失败者的粉丝。

在很长的一段时间，MOND 理论甚至连失败者都算不上。正如麦戈所说，"它更像是一个坐在会议大厅外的癞皮狗：由以色列物理学家拼凑起来的特别想法，不能改变人们对'暗物质影响引力'的传统观点。"随后，2004 年，雅各布·贝肯斯坦（Jacob Bekenstein）参与了进来。

贝肯斯坦出生于墨西哥城，并在布鲁克林和普林斯顿大学理工学院研究物理学，现在是耶路撒冷希伯来大学的教授。作为年轻人，他追随斯蒂芬·霍金的步伐，提出了各样的、有争议的、关于黑洞的想法（所有这些已被证实为正确）。今天，贝肯斯坦被看作是最聪明的头脑之一。当贝肯斯坦提出了爱因斯坦相对论的一个修订版本，专用来说明为什么 MOND 应该被认真对待时，物理学家们别无选择，只能坐下来认真听。当贝肯斯坦的相对论 MOND 与星系观测结果拟合时，曾经的边缘观念突然开始被大家认真对待。当暗物质的铁杆支持者们开始改变阵营时，事情开始变得复杂。

1 失踪的宇宙

有时候，人们认为科学是中性的、谨慎的、避免偏见的。但这种想法是错误的。2006年8月21日就是这样的例子，美国宇航局在新闻发布会上宣称，"我们发现了暗物质的直接证据。"

人们观测到来自两个星系团之间的大碰撞，我们称为"子弹星系团"。通过对碰撞结果的观察，天文学家们发现，暗物质与正常物质互相分离。他们从一个看似空旷的空间区域中的光线的弯曲角度推断出这点。爱因斯坦最伟大的成就之一，是发现质量和能量可以扭曲整个宇宙的结构。任何辐射——无论是可见光线还是X射线——通过大质量恒星和行星散布的空间，都将沿曲线前进而非直线。美国宇航局的钱德拉望远镜在空旷的空间中记录到光线弯曲时，光线附近并无可见物质。它犹如篮球比赛中扣篮得分一样，狠狠地反击了暗物质理论的反对者。后者一直声称，宇宙现象不需要暗物质、仙尘或者魔法空间"布朗克曼"（根据一个讽刺作家的说法）来解释。

新闻稿庄严地表达了主流观点，"一个被黑暗主宰的宇宙看起来非常荒谬。所以，我们想测试自己的思维是否存在一些基本的缺陷。"该研究的负责人亚利桑那大学图森分校的道格·克洛（Doug Clowe）如此说道，"这些结果直接证明了暗物质的存在。"

确切地说，也不是完全绝对。新闻稿后来也承认，"它们只是最强有力的证据，证明了宇宙中的大部分物质是黑暗的。"

该研究继续抨击那些怀疑暗物质存在的人，认为暗物质不应该被继续怀疑。"尽管出现了大量关于暗物质存在的证据，一些科学家仍然提出了修改引力理论作为替代——在星系尺度上，引力比牛顿和爱因斯坦所预言的更强，以消除暗物质存在的必要。然而，上述理论无法解释人们观察到的碰撞现象。"

你或许会认为，重力修改理论已经结束了。似乎没人真正问过支持重力修改理论的人，他们的理论是否能解释观察到的碰撞效应。事实上，没人检查过物理学家经常发布的最新结果和理论的论文档案。

在美国宇航局公布该发现的前2个月，那些接受贝肯斯坦提出的

MOND 相对论的研究人员们正研究子弹星系团。他们在论文标题上开玩笑地写道，"MOND 可以挡子弹吗？"该论文发表在一个广受同行好评的天文学期刊上，吸引了大家的阅读兴趣。该论文提出，钱德拉望远镜观察到的所有现象都与 MOND 相对论不矛盾。米格罗姆的反应也非常有趣，他说，"3 年前，我们就听到了同样的说法。MOND 理论的支持者们应有足够的时间来消化这个问题，在会议上讨论这个问题。"在麦戈看来，即使不引入暗物质，用 MOND 理论解释子弹星系团也是非常困难的，不引入任何奇异物质。中微子的存在可能就足以解释观察结果了（中微子是一种已知存在的、难以检测到的粒子，且在标准理论中是构成暗物质的一小块组成成分）。此外，麦戈指出："这些已知的，组成我们现有世界的粒子——它们被称为重子——在宇宙中占 4% 的质量。不过，我们只能直接检测到已知重子的 10%。也许，那些'黑色重子'也参与了子弹星系团的构成？"

MOND 理论、中微子和暗重子，都不是仅有的选择。美国宇航局的新闻发布会召开后的第九天，加拿大物理学家约翰·莫法特（John Moffat）发表了他的看法。他说，"运用引力修改理论，不用任何暗物质也能解释钱德拉望远镜的观察结果。"

莫法特是罕见的那类科学家——自学成才。在离开巴黎时，他是一个贫穷的艺术家，但已获得了高级学术职位。他的故事就像神话：1953 年，莫法特 20 岁，他给爱因斯坦写了一封信，阐述了对他思想的一些看法。爱因斯坦回信，莫法特的工作和对理论的理解给他留下了深刻印象。这封信为年轻的莫法特打开了科研大门。1958 年，莫法特从剑桥大学三一学院获得了博士学位——虽然他连本科也没毕业。

运气并非一直伴随莫法特左右。他是不同寻常的天才，这使他在热门科研问题上总产生不合时宜的想法。他最异想天开的想法是，在过去的 10 年，光的速度或许会有所不同。20 世纪 90 年代初，莫法特的文章被发表在一本不起眼的期刊上，但这个想法在 10 年后成为了物理学的前沿。

莫法特在暗物质研究领域发声。莫法特将星系扁平旋转曲线称为MOG——这一说法不好听，但朴实无华。"MOG. Modified Gravity"，即修正引力理论。根据莫法特的说法，用 MOG 对牛顿万有引力理论作细微调整，在大的距离尺度上使它比正常的稍微强一些，就能解释钱德拉望远镜的观察结果。

暗物质也许存在，也许不存在。还存在其他的选择用于解释宇宙的现状。任何中立的观察者都承认，暗物质问题尚未得到解决。到目前，我们用了 60 多年才知道，银河系奇怪自转的秘密。也许，今人在有生之年皆不能发现暗物质的真相；也许，它明天就能被我们破解。事实是，正如亚当·里斯指出的，虽然我们一直在努力，但我们仍不能确定暗能量到底是什么。

暗能量研究人员并非无所事事。美国国家航空航天局，美国国家科学基金会，以及美国能源部委托一些物理学家通过最佳途径探索暗能量。2006 年 9 月，暗能量研究小组发表了他们的研究报告。他们的主要结论都推荐执行一个"积极计划"的实验和天文观测，这将有助于我们理解真相。最令人兴奋的是，除了常规项目建议外，研究小组主席还建议了另一种探索暗能量的方法——爱德华·"洛奇"·科尔布（Edward "Rocky" Kolb）指出，我们真正需要的是另一个爱因斯坦。

科尔布建议用 85 年前的物理学方法来解决暗能量问题。他说，我们可以回看 20 世纪 20 年代理论家们为了找到爱因斯坦方程的解所做的假设（这些解决方案在本质上是对宇宙的数学描述）。他们假设宇宙具有各向同性，无论你从任何方向观察宇宙，它都是一样的。

这并不奇怪。想象一下，你站在蓝莓松饼里四处张望，蓝莓围绕在你的四周。无论你怎么看，它们在松饼中的分布均无明显区别。我们以宇宙内部的视角观察宇宙与此类似。如果我们仅看太阳系或银河系的某个方向，我们会看到一些熟悉的特征，换另一个方向则看不到。然而，一旦我们走出了银河系，无论在哪儿，宇宙似乎都是一样的。

真的如此吗？我们不能确定。天文学家们现在认为，宇宙微波背景辐射的测量（即宇宙大爆炸的回声）显示宇宙不具有各向同性。一些宇宙学家认为，有充分的理由重新启用一个 19 世纪就被否定了的概念——以太，一个幽灵般的实体，它使光和粒子更容易在某一方向而不是另一方向上穿过宇宙。以上两种情况都会使各向同性的假设失效。目前，我们尚无足够的信息确定任何事情。但很明显，为了接近失踪宇宙的真相，我们需要的是一个没有假设的理论。只有采用这一理论，我们才能确定自己没有犯错误。

这事说起来容易做起来难。坦率地说，我们还不够聪明，不能用简化的假设去描述宇宙而不导致灾难性的后果。据我们所知，这并非一个不可被解决的谜，只是我们的洞察力还不够，不能用数学方法解决这一问题。"我们就像爱因斯坦以前的那一代科学家，"科尔布说，"总有一天，有人会知道如何解出爱因斯坦方程，而不需预先设定宇宙各向同性的假设。这个人或许还能得出一些有趣的结果，比如如何解释暗能量。到那天，即使有的宇宙区域我们永远无法到达——如果这样的事情会发生——也不会影响我们对宇宙的理解。"

这当然非常值得期待。然而，目前我们所能做的只能像斯里弗那样保守且充满信心地宣称，"宇宙中还有很多我们未知的东西，宇宙的奥秘仍有待调查。"

谁知道未来有什么惊喜呢？尤其是暗能量和暗物质并不是唯一的暗示，还有一些东西等着被带入物理学的经典。例如，我们有理由怀疑，我们所相信的物理定律一定适用于宇宙中的任何地方，或者适用于历史上的任何时期。这势必会改变我们对宇宙演化的看法。在走向未来之前，我们应先回顾一下人类在 20 世纪 70 年代发射的两艘航天器的故事。它们目前正在离开我们的太阳系，与最初的设计相比，它们正在经历一场微妙的、神秘的、不同的旅程。

也许，先驱者号探测器的异常可以回答我们，宇宙到底是如何运行的。

2 先驱者号探测器的异常

两艘飞船违反了物理定律

艾萨克·牛顿（Isaac Newton）的经历为每一个后进生提供了希望。据牛顿母亲的说法，他出生时早产，是新生儿中的矮个子，可以"放进一个夸脱杯"。在学校里，他是表现最差的演出者。然而，23岁时，牛顿提出了万有引力定律。该理论认为，任何两种物体之间都存在着一种力，该力与物体的质量成正比，与它们之间距离的平方成反比。

虽然看起来很简单，但它是航天学必不可少的。我们发射到太空中的所有物体都受万有引力定律的支配。宇航学家们必须应用该定律去理解飞船如何穿过太阳系的行星和卫星间的引力场而前进——比如，先驱者号探测器的旅行。

按理说，先驱者10号和11号太空探测器不应引起任何人的兴趣。它们在20世纪70年代发射，现已远远飞出了太阳系的边缘，悄无声息地飘向深空。我们与先驱者10号的最后一次联系发生在2003年1月10日，一个微弱的信号被传回地球。它现在距离我们有近80亿英里远了，穿过了海王星和冥王星的轨道。因为它不再有能量发出信号，所以我们再也听不到它传回的任何信息。根据牛顿在300多年前建立的万有引力定律的计算，先驱者号探测器的下一个重要时刻将发生在200万年后，那时的它将飞至金牛座的毕宿五。

然而，先驱者号探测器的运行路径暗示着万有引力定律可能是错误的，或者至少某些特定的计算是错误的。因为，我们发现探测器偏离了轨道——探测器每年都会偏离其预定轨迹8 000英里。当然，如果将它们每年飞行2.19亿英里的距离纳入考虑，这个误差并不大。不论是什么原因造成的偏移，这个影响探测器的力至少比地球引力弱100亿倍。尽管如此，但它确实存在，这引起了人们对牛顿最伟大成就的普遍适用性的怀疑。

先驱者号探测器威胁了已知物理定律的想法几乎遭到了普遍嘲笑，甚至包括那些试图理解异常为何发生的人。鲜有人赞赏的事实是，美国国家航空航天局（NASA）明确计划使用先驱者号探测器检验牛顿定律。事实上，万有引力定律并未通过检验，难道我们不应认真对待这种失败吗？

1969年，当大多数人都在关注阿波罗登月时，约翰·安德森（John Anderson）将注意力集中到了先驱者号探测器。作为首席研究员，他有责任确保他们在观察太阳系外的行星时，做到他们应该做的一切。此时，安德森恍然大悟，原来他们可以做得更多。

作为宇宙飞船，先驱者号探测器是独一无二的。每个飞行器都有检查其运行方向和轨迹的方法，例如通过用特定的恒星对其位置进行三角测量。如果执行任务的科学家发现这艘飞船已偏离了轨道，他们可点燃火箭推进器以修正偏移。先驱者10号和11号探测器也使用同样的方法保持自己的稳定性。先驱者号探测器上的陀螺仪不断地自旋，不断修正了探测器头部的运行方向。通过这种方式，执行任务的科学家不需要运用任何推进器，就能保持探测器的飞行轨道。

安德森意识到，由于探测器只在重力的影响下旅行，先驱者号的轨迹将提供一个对重力性质的完美测试。他向NASA提出了这个建议，在开展对木星和外太阳系调查这个主要任务的同时，还可利用探测器实现对重力的检测。美国国家航空航天局同意执行这个很棒的测试，并资助了更多的相关实验。

首艘先驱者号探测器于1972年3月2日从卡纳维拉尔角发射升空。先驱者11号也于1973年4月5日发射。时间很快来到了7年后，在那段时间，理查德·尼克松（Richard Nixon）辞职了，西贡政权垮台了，玛格丽特·撒切尔（Margaret Thatcher）成为了英国首相。7 年后，约翰·安德森发现了一些奇怪的事情。

经过多年的旅行，先驱者号探测器上的仪器已将仪器的读数发回了地球。1980 年，探测器的轨迹读数不再有意义，似乎两个航天器都被拉向了太阳方向。安德森和他团队中的少数天文学家探讨了这个异常现象，但并未公开，因为他们无法对这个现象作解释。1994 年，安德森接到了从新墨西哥州洛斯·阿拉莫斯国家实验室的物理学家打来的电话。

迈克尔·马丁·涅托（Michael Martin Nieto）的任务是检验万有引力理论是否可靠。他每次遇到其他物理学家，都会问一个看似愚蠢的问题——如果我们在太阳系外，还能用牛顿的万有引力定律预测物体的运动轨迹吗？最后，他和安德森团队的人通了电话，对方告诉他，这或许不是一个愚蠢的问题，他可以尝试征求约翰·安德森的意见。涅托随后打通了这个电话。

安德森说，"嗯，这是先驱者号发现的东西。"

发现安德森愿意谈论此话题，涅托展开了广泛的讨论。斯拉瓦·图尔谢夫（Slava Turyshev）也通过此渠道知道了先驱者号轨迹的问题。

图尔谢夫是被加利福尼亚帕萨迪纳的美国国家航空航天局喷气推进实验室雇佣的第一个苏联科学家。当他听到涅托告知的故事时，他也被邀请去做一些与他专业相关的课题——爱因斯坦的广义相对论，一个用于描述物质和能量如何形成宇宙的方程。他原本计划在加利福尼亚工作 1 年时间，因为他认为这段时间足够梳理先驱者号的毫无意义的异常现象。然而，15 年后，他仍在那里，负责这一异常现象的调查。

如果斯拉瓦·图尔谢夫一直坚持最初的研究方向，他最终会成为一名工程师，而不是专攻广义相对论的理论学家。图尔谢夫在今天哈萨克斯坦的阿尔泰山脉偏远地区长大，他在可以看到拜科努尔航天发射场的地方度过了自己的童年——这个发射场是人类航天的开始地。1961 年，尤里·加加林（Yuri Gagarin）就是从这里飞向了太空。20 世纪 70 年代，苏联人就已成为航天领域的专家。在家里的阳台上，年轻的图尔谢夫总是敬畏地看着针状火箭划破天空。爬山时，他和父亲偶尔会遇到散落的金属碎片。他知道这些碎片是什么，因为他经常看见火箭发射后几分钟，二级火箭在一团气体云中被抛落，像路西法（Lucifer）被逐出天堂那样落回地面。

受苏联太空计划的启发，图尔谢夫和他的朋友们开始制造自己的火箭。图尔谢夫回忆，最自豪的是自制"超光子"——他与表弟一起建造的两级火箭。它有7英尺高，由自制火药提供能量，硫黄来源于回收的火柴。一个玻璃圣诞树灯泡为充电提供了合适的容器，在100英尺长的电线末端的4.5伏电池供电产生点火火花。他说，发射非常壮观。火箭的乘客——一只年轻的宠物鼠，一定被吓得心惊肉跳。

图尔谢夫正成为一名太空工程师。然而，在他16岁时，有人向他展示了爱因斯坦广义相对论的方程式，故事就这样发生了。不知何故，图尔谢夫突然觉得，制造火箭似乎是一种幼稚的激情。空间和时间的经纬交织，行星的戏剧般的神秘结构，吸引了图尔谢夫更多的注意力。

1990年，图尔谢夫已拥有了莫斯科国立大学天体物理学和理论重力物理学的博士学位。3年后，他去了加利福尼亚。

图尔谢夫第一次作为扫尾者参与了先驱者号项目。就像哈维·凯特尔（Harvey Keitel）在低俗小说中的角色，在人们做了一些愚蠢的事情之后，他在那里解决混乱。在这种背景下，某些愚蠢的事情之所以会发生，是因为在计划先驱者号任务时，遗忘了考虑爱因斯坦广义相对论中引力理论的一些微妙而重要的事情。令图尔谢夫惊讶的是，他未找到任何错误。由此，他开始执着于解决先驱者号的问题。

安德森、涅托和图尔谢夫都认为他们肯定错过了什么。他们不想重写物理定律，他们并不想推翻牛顿和爱因斯坦的理论。问题是，他们虽然开展了大量的分析，但并未发现导致飞船偏航的原因。2002年，他们共同发表了一篇55页的论文，运用他们所能想到的一切可能以解释这种偏差。然而，所有的解释都不合适。图尔谢夫在此之前检查了广义相对论的每一个可能的微小影响；此时的安德森已花了10年时间试图独自解决这个问题。事实是，存在一些东西正用很小的力持续不断地推动着先驱者号。30年后，人们仍然无法解释。

因为这个微小的偏差，世界各地的研究人员仍在研究先驱者号探测器的飞行轨迹。图尔谢夫的想法是收集来自先驱者号探测器的所有飞行数据，并将其写入计算机程序——先驱者号模拟器。

这是一项艰巨的工程。回想1973年的信息技术，你将能明白它的困难。那时，点阵打印机仍是新事物且非常新潮。那时，比尔·盖茨还在哈佛大学读书，DOS操作系统尚未被发明，盖茨辍学并组建了名为微软的小公司也发生于2年后。首台8英寸软盘驱动器刚被发明了2年，这就意味着先驱者号探测器只能将大部分数据存储在老式穿孔卡片上。未放在穿孔卡片上的任务数据只能写在原始磁带上，用各种编程语言进行编码——这些语言是计算机语言的古代拉丁语。

图尔谢夫的难题还不止于此。美国国家航空航天局并未将所有的任务数据精确地归档。20世纪70年代初，一个寒冷的星期五的早晨，推进器发射将探测器送上了太空。遗憾的是，发射的时间和具体方位并无准确记录。因为在当时，它们皆非关键数据，没人怀疑已知的物理定律，当时的人未能预料到后来发生的事情。

显然，美国航空航天局就没人想到。图尔谢夫最终在喷气推进实验室楼梯下的一堆纸箱中找到了一些相关资料。其中，大部分是先驱者号的轨迹数据——用计算机日志的方式，将飞船的任务路径记录在了400卷的磁带中。几十年以来，这些磁带遭受了人们的忽视，被热气和潮湿侵蚀。图尔谢夫的同事们帮助他恢复了数据，并将其重新录制到DVD上。接下来，他开始研究飞船上仪器的记录，以揭示先驱者号探测器的每一个动作和旋转。最终，他在加利福尼亚莫菲特场的美国国家航空航天局艾姆斯研究中心找到了60个文件柜的数据，这些资料刚被指定为即将销毁。

莫菲特场的管理员需要清空文件柜腾出被占用的空间，正准备将柜子里的东西倾倒至垃圾填埋场。在停车场，垃圾箱正等待被填满。在这个关键时刻，图尔谢夫告诉管理员，数据盘太重要，不能扔，他会租一辆卡车将它们运走。管理员被他的话打动，磁盘留了下来。目前，这些数据被存放在DVD光盘上，这些数据已分发给世界各地感兴趣的研究者。先驱者号探测器传回的数据，将是一个需要全球努力解决的问题。

参与研究数据的人都认为，这个谜团的解决方法就在探测器上。毕竟，它并不需要太多能量——例如，只要70瓦的热量就足以解释探测器所发生的每件事情。按照牛顿第三定律，当热辐射逃逸时，探测器会受到大小相等、方向相反的反作用力，该力可将探测器推向另一个方向。

探测器确实携带了热源，探测器的放射性钚发生器为设备的电力系统提供动力。探测器被发射时，这些发电机会被卡在飞船的长臂上，以最大限度减少辐射损伤。因为，发电机会产生2 500瓦的热量，即便现在，它们也能产生70瓦的热量。

它们的确产生了辐射，会将探测器推向错误的方向。发电机安装在飞船的每一个侧面，为了产生朝向太阳方向的额外加速度，它们必须被安装在前部。

研究者们仔细检查后，排除了一系列似是而非的也许可能的原因。软件也经过了检查，证实没有能导致轨迹读数异常或者轻微偏离路线的错误发生。当然，燃料泄漏也可能致使这个问题发生，但它必须是以完全相同的方式在两艘探测器中发生，两艘船上的内部仪器均未得出这个结果。

研究者们用了3年时间努力寻找答案，但他们未在先驱者号上发现任何异常。结果既令人沮丧，也激发人兴趣——事实上，甚至美国国家航空航天局的负责人迈克尔·格里芬（Michael Griffin）也对此产生了浓厚的兴趣。图尔谢夫与格里芬就先驱者号的问题进行过多次交谈。在美国国家航空航天局的研究人员利用业余时间研究先驱者号的多年后，由于前述原因，他们有了新的经费正式开展此项目。

最初，研究人员通常不能识别非凡的想法。图尔谢夫几乎是病态地反对谈论奇特的物理思想,甚至拒绝少量的修正,比如牛顿定律的修改版。涅托也一样,他为所有先驱者号研究人员迄今所取得的成就感到自豪——这些成就排除了其他可能的解释。他认为,对先驱者号异常现象的解释,极可能是"忘记关灯"之类的情况,或者是美国国家航空航天局出现了什么技术错误。

每月都有1~2篇论文发表,对先驱者号的异常现象提出一些异想天开的解释,比如宇宙的膨胀导致了先驱者号探测器上测量其位置的时钟出现了加速现象。如果这是真的,那么爱因斯坦的狭义相对论必须被重新修订。问题在于,这种奇特的现象(以及多种异常现象)的存在,同时也会影响外层行星的运动。然而,外层行星并未发生任何奇怪的事情。

是飞船发回信号时的辐射粒子(光子)的波长随宇宙的膨胀而遭到了改变?或许,这种异常现象与信号光子的量子态移动有关,或者与非线性电动力学定律导致的加速有关——该理论是由两位巴西物理学家在2001年提出。又或许,答案是约翰·莫菲特(John Moffat)提出的"额外的通用力",它或许还能解释暗物质。MOND理论的支持者认为,他们的理论已解释了先驱者号的异常现象。或者,这取决于你看待事物的方式,因为观点具有自证性。

涅托不同意,MOND理论假设与先驱者号传回的数据并不符合。涅托认为,不会产生某种偏移。他是正确的——至少,他的猜测比图尔谢夫好。他想延伸理论的界限,想知道比我们现在已知的更多的东西。涅托明白,如果科学家想发现某些非同寻常的东西,一定伴随着危险。他说:"如果你相信你将要找到的东西,上帝啊,你有麻烦了。"

最后,涅托相信他们会为先驱者的反常情况找出一个直截了当的解释。他说,自己毫不泄气,一直如此。他指出,"我们将建立无数的分析技术以及准确处理数据的经验。我们将了解先驱者号探测器的结构,以及它在时间和空间旅行的真相——这将帮助我们对时空有更深入的认识。"

涅托说，"对科学来说，这是双赢。"安德森认为，先驱者号的异常很可能是一场虚惊。但他也在为某种革命性的东西敞开大门，因为他注意到了另一个平行的异常现象，这是爱因斯坦的广义相对论无意中解决的问题。

1845年，发现海王星的法国天文学家于尔班·让·约瑟夫·勒威耶（Urbain Jean Joseph Leverrier）计算出了水星的椭圆轨道在每个近日点都会发生反常进动现象。

这种转变或岁差是由太阳系其他行星的引力作用引起的。这并非水星的独有现象，每个行星在轨道近日点都会出现类似的岁差。但是，水星的问题不在于此。勒威耶用牛顿定律计算出的水星岁差数值与天文学家们观测得出的结果不相符，其差值为每100年43角秒。

那时，注意到如此微小的异常是令人印象深刻的壮举，这相当于在30英里的尺度上测量1个硬币的直径。事实上，无人因此沾沾自喜。面对这个差值，科学家努力寻找解释。天文学家尝试了各种特殊的修正方法。勒威耶曾通过对比其他行星轨道，成功预测了海王星的存在。受此鼓励，他提出，"也许，水星附近还存在着另一个行星等待被发现。"

另一些研究者认为，这或许是因为太阳自身的质量分布不均，又或许是太阳和水星之间的尘埃云影响了水星的运行轨道。不过，这些解释均不正确。直至1915年，爱因斯坦指出像太阳这样一个巨大的物体会扭曲它周围的空间，这才为水星反常进动现象找到了合理的解释。

通过广义相对论方程，爱因斯坦提出了空间扭曲的存在。加上其他行星的引力作用，爱因斯坦计算出了水星的近日点进动值为每100年42.9角秒。这是对爱因斯坦新理论的有力验证，并立即得到了学术界的承认。根据约翰·安德森的说法，这对那些低估先驱者号异常潜在影响的人是个教训——所有的异常都有背后的原因。

如果这个原因不同寻常，有时对枯燥的可能性最细致的筛选也不会有帮助。水星的反常进动现象告诉我们，排除常见的理由并不总能发现答案。

安德森说，"也许，先驱者号未提供足够的数据以说明宇宙中存在另一种作用力。"由于水星轨道的问题，爱因斯坦当时并未提出广义相对论，但该现象证明了他的激进思想是正确的。如果水星反常进动现象为科学上最重要的突破之一提供了完美的验证，那么，先驱者号的异常数据极有可能在未来被攻克的那天起到同样效果。

意想不到的突破即将实现吗？到目前为止，人们已收集到的证据表明，宇宙的组成在很大程度上是未知的。存在 400 年历史的万有引力定律需要被重写？一个未知作用力可能改变了两个先驱者号探测器的运行轨道？这将为牛顿的万有引力定律提供一个测试。

库恩可能会说，这是即将到来的危机信号。似乎可以肯定的是，现有理论的基础都在动摇，我们关于当前宇宙的认识可能在不久的将来发生革命性改变。这是一个令人兴奋的想法，但它不能让我们对科学的未来说出任何具体的预言。我们所能做的就是继续努力，在一大堆证据中加上一个新的发现。

3 变化的常数

正改变我们对宇宙的看法

扇动你的手臂,你能否飞行?答案是,不能。你手臂对空气产生了向下的压力,空气也同时对你产生了大小相等方向相反的反作用力,但它不足以克服重力让你起飞。我们可以用牛顿的万有引力定律来描述所涉及的确切参数(无论该理论对宇宙距离的准确性如何,它在这里的效果很好)。欲计算可让你起飞的升力,需考虑地球的质量、你的体重,以及你与地球中心的距离等参数——这一切可用一个大写的 G 表示。

牛顿方程是从两个物体互相吸引的简单观察得出,而大写的 G 是衡量吸引力强度的公式。有趣的是,牛顿并未描述这个数字的理由,也未解释大写的 G 有何价值。科学家们从引力与其他作用力(例如,倾向于将地球抛离轨道的离心力)的平衡实验中得知了它的价值。如科学家们不知道重力从何而来,他们也不知道万有引力从何而来。

大写的 G 还有另一个更科学的名称,引力常数。它或许是物理学中最常见的基本常数,即描述自然界之间相互作用力强度的数学常数。这些常数的每个数值都来自于实验,而非从一些基本的认识中推导得出,它们共同组成了我们所谓的物理定律。当我们用这些定律描述自然时,常数帮助定律发挥作用。例如,我们明天扇动手臂不能飞上天空的结果与今天的情况完全一样——我们假设物理定律不变且永恒,我们假定物理常数不变。这也是约翰·韦布(John Webb)苦恼的原因。

物理规律和常数帮助我们定义和征服自然世界。不过,如果这些规律并非一成不变?如果常数并非恒定会怎样?或者,正如韦布所说,

"谁认为它们是永恒的?"(说这话时,他嘴角上挂着苦笑。)

韦布是澳大利亚悉尼市新南威尔士大学的物理学教授。当他第一次面对这个问题时,他还在英国读研究生。他的一位指导教授,宇宙学家和数学家约翰·巴罗(John Barrow),建议他们重新考虑英国物理学家保罗·狄拉克在20世纪30年代率先提出的一个问题:物理定律一直保持不变吗?

今天所谓的标准物理模型,类似于在方程中插入了26个参数的物理模型,以准确描述自然界中各种作用力的强度。这些参数的数值大部分是在20世纪的地球上被测得。试问,在半人马座阿尔法星球上或者在100亿年前的星球上做相同的实验,会得到一样的结果吗?

如果你想确定很久以前是否有相同的东西,你需要一个尽可能古老的样本。韦布和巴罗很快意识到,他们可以得到一个完美的样品——120亿年前形成的类星体中心发出的光。恒星发出的光具有一个常量,被称为精细结构常数,也称阿尔法。类星体在120亿年前发出的光线具有常数阿尔法的特性。因此,分析那些光线,有利于回答保罗·狄拉克的问题。到了1999年,约翰·韦布似乎找到了答案。

携带着答案的光子跨过宇宙走了120亿光年的距离,到达了地球上夏威夷莫纳克亚山峰顶的凯克天文台。不过,最让人感兴趣的是那些未到达凯克天文台的光线。如80年前维斯托·斯里弗在洛厄尔天文台所做的那样,韦布和他的团队也将光分解为光谱。在韦布的光谱中存在空隙:他的彩虹光谱某些颜色丢失了。这或许不具有太大意义,因为光线在太空旅行的120亿年必然会遇到某些物质(常见的罪魁祸首如气体云),它们或许会吸收掉特定波长的光线。如此,光谱的某些部分留下了裂缝,就像油漆工在卧室橘色的墙中留下了几条垂直的白色条纹。

韦布发现的有趣之处在于,裂缝出现的位置错了。无论是星际气体云中的原子,还是你脚底的每个原子,都只吸收特定能量的光子。每个原子吸收的能量皆不同,它们就像原子的指纹。因此,通过观察光线的光谱和光谱中缺少的部分,你可以较容易地计算出光遇到的是什么原子。

韦布发现，光谱中的指纹说明光线在旅行中与两种原子发生了作用——一种是镁原子，一种是铁原子。从韦布的光谱可以清楚地看出，类星体的光在到达地球的过程中经过了镁和铁组成的气体云。这里存在一个问题，众所周知，元素吸收光谱中的间隙是确定的，但韦布的光谱总有点不对劲，仿佛有人轻轻推动了光谱的位置——一些吸收线向左轻微位移；一些吸收线向右轻微位移。

韦布安下心来重新计算。他希望做一些调整，让移动的光谱线变得有意义。他要做的，是让光线在星际尘埃云中运动时，精细结构常数的数值与今天稍有不同。

这听起来似乎是个直截了当的结论，但公开提出这个假说还是需要不少勇气。当韦布提出物理学的中心常数阿尔法可能会随时间而改变时，人们礼貌地"质疑韦布的理智"。韦布因此而受到攻击。

常数阿尔法决定了每次光子击中某物质时会发生什么。看看你对面的墙，你看到的任何颜色皆与常数阿尔法相关。当一个光子击中油漆中的一个原子，原子会吸收光子的能量并利用这种能量发出另一个光子到达你的眼睛。光子的能量决定了其发射光的波长——本质上讲，这是你看到的颜色。如果墙是橙色的，光子具有特定能量；如果墙是紫色的，光子的能量会比此前的特定能量略高。要想使一种特定的颜料呈现某种颜色，你需要将阿尔法与油漆中原子和分子的量子结构放在一起作计算。

表面上看，阿尔法只是个数字。如果你喜欢分数，其大致是 0.007 297 4 或者 1/137。这个数字的组成十分简单（但这取决于计算时所采用的单位）。首先，电子的电荷数自身相乘，再除以普朗克常数。这也是量子物理学的主要内容：物理学家把它简单地称为 h。h 描述了光子的能量和波长与其颜色之间的相互关系。下一步，将计算得到的数值除以光速，再乘以 2π，就得到了阿尔法。

问题是，阿尔法不仅与室内装饰选用的油漆相关，它更是物理学的一个支柱，也是我们描述宇宙的核心数据。阿尔法决定了"空的"空间有多少能量，主宰着新生宇宙的膨胀。一旦新生宇宙经过第一个3分钟后，阿尔法将开始在新生质子的电磁相互作用中发挥作用——它决定了什么样的光子填满虚空。

当第一颗恒星形成时，氢原子开始瓦解，原子核在强大的重力作用下熔化，阿尔法决定了它们可以发出多少光和热。由于各种辐射是我们了解早期宇宙的唯一途径，因此，几乎所有已知的关于宇宙的故事都可由阿尔法得知。表面上看，它可能仅决定了光的速度，量子理论中 π 和电子电荷数量等这些无聊的数字。实际上，阿尔法与宇宙演变中的几乎每一过程相关联。然而，令人不安的是，曾经的阿尔法可能与我们当前的测量值不同。

阿尔法的意义在于，它是物理学中最重要的理论"量子电动力学（缩写为 QED）"中最重要的常数。阿尔法决定了"质子和电子"等带电的亚原子粒子之间的相互作用。量子电动力学将量子理论、相对论、电学和磁学结合起来，是电磁学的起源。在"电弱统一理论"中，阿尔法也发挥了重要作用。该理论由史蒂芬·温伯格、阿卜杜斯·萨拉姆（Abdus Salam）和谢尔登·格拉休（Sheldon Glashow）提出，并于1979年获得了诺贝尔物理学奖。"弱相互作用力"导致了诸如原子核的放射性衰变等现象。由于电磁力和弱相互作用力是自然界四大基本作用力中的两种，故而可以说阿尔法在宇宙中起着举足轻重的作用。

科学家们必须用电子进行复杂的实验，才能算出量子电动力学公式中应加入的常数项。正如通过实验，牛顿理论可告诉我们引力常数决定了地球和太阳之间有多少相互吸引力。同样地，通过实验，也可以确定阿尔法，并告诉我们带电粒子是如何相互影响的。此外，阿尔法的数值不允许有太大的变化范围。

阿尔法的数值太大，会导致较小的原子核（如氢原子核）因质子互相排斥而分裂，星星不会再发光。阿尔法数值增大4%，恒星将不会生成碳，我们也不会存在。

3 变化的常数

约翰·韦布并非想将阿尔法的数值改变太多,只需允许阿尔法的数值在 120 亿年前减小一百万分之一,韦布的吸收线就能变得有意义。

表面上看,这或许是个无关紧要的校正。阿尔法仅是个物理学常数,且在物理学之外几乎不为人知——"阿尔法的数值在过去或许稍有不同,今天的它只是稍微变大了一点,120 亿年后只增加了一百万分之一。"然而,这是件了不起的事,是一件非常重要的事情。10 年后,韦布仍就此事进行警示:如果这是事实,它将会为各种令人不安的想法打开一扇大门。今天,我们已构建了宇宙的故事,能解释它的运行。在今天看来,常数阿尔法应该是始终恒定的。不过,如果常数发生变化,各种物理定律必将发生改变。约翰·韦布的观察结果正威胁着人们——一个没有规律的宇宙即将被释放。

韦布深知这点,他并不急于提出任何要求,他是个非常谨慎的人。他已花了近 10 年时间试图找出自己结论存在错误。他的研究小组仔细分析了每一个结果,进行了客观且严格的统计分析,检查了一切麻烦以避免一些偶然错误的出现。然而,结果是,他们未发现任何错误。事实上,他们的分析结果表明,阿尔法的数值有变化,这比其他物理学领域的假说可信度更高。

尽管如此,关于韦布结果的讨论大部分均倾向于他的说法是错误的,他的分析一定存在一些问题。那么,我们可以验证一下吗?显然,要验证韦布关于阿尔法的说法得另辟蹊径,而不是用星光和望远镜。难度在于,你不能在实验室随便做点实验就否定韦布的工作,因为这种验证必须放在宇宙尺度上——你不能仅凭 6 月、7 月、8 月测量了光与物质的相互作用,发现结果均一致,就声称韦布错了。韦布并非说阿尔法现在变了,他只是提出今天的阿尔法的数值与 120 亿年前略有不同。如果你想做实验测试韦布的说法,你需要得到一些来自遥远过去的证据。幸运的是,或许有办法得到一些证据:脱掉实验服,戴上头盔,进入非洲殖民地。

今天,登录易趣网的法国网站输入"Brazza"这个单词,你会在网站上搜索到一系列待拍卖的收藏品：火柴盒、钢笔、肖像和雪茄等等。19 世纪 80 年代的巴黎，以"Brazza"命名的商品风靡一时。法国探险家皮埃尔·萨沃尼昂·德·布雷泽（Pierre Savorgnan de Brazza）（他出生时是意大利人，但意大利海军不能满足他对冒险的渴望）将西非的加蓬领土变成了法国人的殖民地，这使他成为了法国的名人。

尽管法国人将他的名字命名为刚果的首都，但布雷泽的地位却并未延续至他的暮年。他建立了一个制度健全的加蓬殖民地——贸易公平、没有奴隶制、没有暴力镇压。加蓬拥有富饶的自然资源，这注定了布雷泽可以战胜自己的敌人。腐败和奴隶制随着殖民地的建立而涌现，布雷泽的后半生一直试图抑制这两者的蔓延。据布雷泽的妻子说，因为他的作为，布雷泽遭到了诬陷和诽谤，甚至最终被下毒身亡。

布雷泽最后的政绩是在加蓬的远东地区建立了弗朗斯维尔市，用于重新安置曾经的奴隶。奥克洛就位于该市附近，法国核科学家正是在奥克洛取得了非凡发现，并对约翰·韦布的工作产生了巨大的影响。

1972 年，法国原子能委员会的研究人员弗兰西斯·佩兰（Francis Perrin）检测了从奥克洛铀矿中获得的矿石样品。当时，法国正利用加蓬丰富的铀资源，建造一批由其提供动力的新型核反应堆用于发电。人们待办事项列表中的下一个任务是如何处理反应产生的核废料。这意味，需要先根据放射性对核废料作分类，再决定其处置办法。在完成这项工作时，佩兰注意到，奥克洛的矿石样品本身就像核废料。

铀原子由几种不同原子量的同位素组成。佩兰注意到，奥克洛的矿石样本中同位素铀 -235 的含量达到了正常预期的 2 倍。佩兰作了计算，对该地区的地质情况进行了细致分析，并作了大量对比思考。最终，佩兰宣布："奥克洛曾是一个天然的核反应堆现场。"这个说法受到了当时人们的普遍嘲笑。佩兰认为，在 20 亿年前，热和地下水运动的结合为地下发生核裂变反应提供了极好的条件。

当时，法国核能部门认为，这很可能是由于某种污染引起。然而，从那时起，在奥克洛地区发现了更多的天然核反应堆。目前，佩兰的发

3 变化的常数

现已被普遍接受。

对科学来说,该发现就是一个"金矿"。被我们称为阿尔法的常数,正是20亿年前奥克洛核反应发生的准确原因。如果你想知道阿尔法常数,奥克洛提供了半人马座星系中测量阿尔法数值最好的实验样本。

物理学家弗里曼·戴森（Freeman Dyson）第一个认同了佩兰的发现。戴森是位公认的叛逆者,他与狄拉克一样,想知道宇宙中的常数和定律是否真的亘古不变。奥克洛的核反应堆给了他一个寻找真相的机会。他在法国核物理学家蒂鲍尔特·达穆尔（Thibault Damour）的帮助下对相关数据进行了分析。研究结论让戴森失望：即便阿尔法发生了改变,也不会超过现在数值的十亿分之一。

自韦布提出他的观点以来,戴森和达穆尔在奥克洛的研究数据让大多数科学家对韦布的说法选择忽略。奥克洛的研究数据反驳了韦布的发现：对遥远星光的研究似乎并不可靠。一些研究者不肯承认韦布发现的失败,他们开始仔细审视戴森和达穆尔的工作,并寻找破绽。一直没有确切的证据能反驳奥克洛的结果,直至2004年,终于有了证据。这个证据反驳戴森和达穆尔的研究结果,坚定地支持阿尔法的数值是变化的。

新墨西哥州的洛斯阿拉莫斯国家实验室是美国曼哈顿项目的所在地。该实验室的史蒂夫·拉莫若（Steve Lamoreaux）和贾斯廷·托格森（Justin Torgerson）使用拉莫若称之为"更现实"的估计方法对各种核反应过程所涉及的能量进行评估。不仅拉莫若这样做,达穆尔也认为这样计算更接近事实。结论如何？自奥克洛反应堆自行燃烧以来,阿尔法已减少了十亿分之四十五以上。

事实上,在奥克洛检测得到的阿尔法数值在降低,而来自120亿年前穿过气体星云的星光却表明阿尔法的数值在增大。这似乎是矛盾的,但常数在变化的证据显然增加了,这种差距或许正是宇宙的奇妙之处。

1935年,英国天文学家亚瑟·爱丁顿（Arthur Eddington）出版了一本名为《科学新途径》的手稿。他在书中描述了自然界的四个"终极常数"——其中一个数字是他横渡大西洋时计算所得，宇宙中质子的数量；第二个是阿尔法，或者阿尔法的倒数；第三个是引力和电磁力的比值（电磁力把电子拉向质子）；第四个是质子质量与电子质量的比值。

仅用这四个常数就能描述整个宇宙的特性，这让爱丁顿印象深刻。他认为，物理学有其自洽性。爱丁顿是物理学家，也是阿尔伯特·爱因斯坦的亲密朋友。当时，爱丁顿曾试图建立一个统一的物理理论，但让他沮丧的是，只用一个常数显然不行。他写道："我们现在需要四个常数，而不是一个。这表明，统一场论的理论尚未完成。"据我们今天的认知，爱丁顿的想法或许有误，目前至少有两个常数似乎不恒定。

智利南部欧洲天文台用望远镜捕获的星光表明，还有一个常数不恒定。2006年，一个物理学家组成的研究小组发表的一篇论文指出，质子质量与电子质量的比值（通常称 μ）在遥远的过去数值更大。该结果是通过观察光线在穿过氢气云时发生的变化得到。氢原子由一个质子和一个电子组成，通过检测氢原子吸收和再发射的光，研究人员可得到 μ 值。

与阿尔法类似，μ 与非常遥远的过去相比，存在一个极微小的变化——120亿年前的 μ 比今天大 0.002%。这是一个惊人的结果，它被发表在了著名杂志《物理评论快报》上。

上述结果非常重要。因为电子质量和质子质量是决定原子核中"强力"大小的关键因素。强相互作用力将夸克结合在一起，组成了质子和中子。而阿尔法既与控制放射性衰变的"弱相互作用力"有关，又与决定电和磁相互作用的"电磁力"有关。强相互作用力是物理学里四种基本力的第三种，另一种基本力有重力。

我们该怎么处理这一切？韦布的答案十分简单：不要为此烦恼。尽管不少物理学家（非大多数）对观测到的常数改变的证据未做出反应，但韦布的立场与众不同。韦布指出，"阿尔法在1938年被认定为常数，μ 在1953年被认定为常数，我们甚至不知道这些常数（含万有引力常数）的数值从何而来。没人能解释它们，也没有深奥的理论将常数与实验的测定值相匹配。所以,似乎没有一个很好的理由坚定地支持这些常数必须保持不变。"2003 年,在《物理世界》杂志上,韦布撰文要对这种情况保持"冷静"。

当提到自然法则时,我们真正谈论的是一些特定的想法。这些想法简单明了,似乎是普遍作用,且已通过了实验验证。因此,人类宣称,科学理论就是自然规律,而事实上人类常常犯错。

所以,如果我们冷静思考,可以得出什么结论?韦布和巴罗对此有过长期的思考。他们认为,也许变化的常数可以告诉我们一些真相。事实上,阿尔法似乎在以不同的方式变化,可以比 120 亿年前更小,也可以比几十亿年前更大——这表明常数(或许包括物理定律)可以在不同时间和空间中不同。也许,我们在浩瀚的宇宙中漫步,会遇到不同的常数和不同的物理定律。但无论我们走到哪儿,都会遵循宇宙法则。稍作思考就会发现,规律在时间长河中并未固定下来。也许,随着宇宙的发展,物理定律也发生了变化。

事实上,这算不上什么全新的想法。约翰·韦布被打上了不称职的标签,他的想法经常被批评者有意忽略。但他的行为是寻找宇宙的异常,支持了一个世界上最受尊敬的物理学家的建议。30 年前,诺贝尔奖得主物理学家约翰·惠勒(John Wheeler)问道:"为什么我们认为物理定律是不变的?"他指出,"自然界中基本力的强度或许与宇宙当时的条件有关。与今天更老、更冷的宇宙不同,宇宙诞生之初更炙热和稠密。也许,随着宇宙的冷却,宇宙定律将不再发生改变,就像熔岩流冷却凝结之后有了固定的形状!"这是一个多变的想法,事实上,惠勒将其称为"一种条件,一个想法"。在我们试图追溯宇宙的历史时(包含从大爆炸到第一种元素和星星的生成),这种想法让一切变得简单。

理查德·费曼(Richard Feynman)也曾怀疑,我们对物理定律是否真正掌握。1985 年,费曼、朱利安·施温格(Julian Schwinger)和朝永振一郎(Shinichiro Tomonaga)凭借量子电动力学荣获诺贝尔奖的 20 年后,费曼出版了一本薄薄的理论书。在那本书的终章,他将题目命名为

"松散的结束"。费曼坦诚地承认,"我对理论的成功以及大家对此的接受程度表示惊讶——我们并未给出一个很好的数学方法以描述量子电动力学的理论。"

费曼指出,"设定一些参数,插入几个数字,通过'变戏法'的方式而非实验,就能得到光与物质之间的相互作用情况。"他说,"上述计算必须用到'物理学中最伟大的奥秘之一,一个没人能理解的魔法数字'。"这里,他指的是阿尔法。尽管量子理论是物理学中最成功的理论之一,但量子电动力学仍然存在"费曼诅咒",主因是阿尔法的存在。自被人们发现以来,阿尔法就一直是个谜。所有优秀的理论物理学家都将这个数字挂在他们的墙上,并为此忧思。

施温格去世前,他比大多数人更担心阿尔法:量子电动力学理论的研究离不开使用阿尔法——这甚至破坏了他职业生涯的声誉。这些研究是由两位化学家斯坦利·庞斯(Stanley Pons)和马丁·弗莱施曼(Martin Fleischmann)进行的,他们现在几乎被大多数人嘲笑为骗子、怪人,或者是头脑不健全的人。施温格坚决支持他们的工作,哪怕会破坏自己来之不易的信誉。10多年以来,庞斯、弗莱施曼和施温格的命运已连在一起,成为了对大众的警示。无论他们的理论有无益处和洞察力,他们都是重要的科学家,且正冒着风险研究下一个异常现象——冷聚变。

4　冷聚变

没有戏剧性的核能源

盐湖城犹他大学的化学实验室，两名科学家在室温下成功地进行了核聚变反应。该突破意味着未来某日世界或许会依靠于聚变，作为一种清洁的、几乎取之不尽的能源。

那个让人印象深刻的新闻在1989年3月23日发布于犹他大学。随后，马丁·弗莱施曼的职业生涯结束了。弗莱施曼记得自己工作的动机非同寻常，但他却时常说，"我无意拯救世界，完全是无意的！"

弗莱施曼说话时带着含糊的东欧口音——他出生于捷克斯洛伐克，话语不多。当别人问他问题时，他总会坐着沉思1分钟或者更久。也许，很早以前，他就学会了谨慎。

2007年夏，我第一次见到弗莱施曼，能和这个科学史上的传奇人物对面是件难得的事。弗莱施曼在犹他实验中的搭档是斯坦利·庞斯，目前居住于法国南部，不接见任何人（尤其不喜欢记者）。弗莱施曼现已80多岁了，对外界仍然十分戒备。因此，我的访谈只能通过网络实现，即便我所在的公司很知名。1989年3月新闻发布会后的几个月，诺贝尔奖得主朱利安·施温格也曾试图与庞斯和弗莱施曼会面，但未能实现。让后者恼怒的是，施温格写信给《洛杉矶时报》发出见面邀请。最终，一个大家共识的朋友设法让庞斯和弗莱施曼同意了会面，并让施温格前往盐湖城。在那里，三位物理学家就理论的极限进行了长谈，该理论让施温格获得了诺贝尔奖。

弗莱施曼是以游客身份入驻盐湖城的，斯坦利·庞斯原本就是犹他州居民。他们在庞斯的实验室完成了室温核聚变实验——今天称冷聚变。弗莱施曼和庞斯艰难地自费出资了 100 000 美元用于他们的实验。实验中他们遇到了阻碍，他们还需额外补充 600 000 美元才能将实验继续下去。他们写了一份课题经费申请。在申请书中，他们提出了"如何进一步提升对核物理的理解，尤其是核能如何在室温反应条件下被释放使人们获得新能源"的观点。简言之，你可以获得超过输入的能量，与原子弹的工作原理类似。就在庞德和弗莱施曼在新闻发布会上宣布他们的研究结果时，大学以更吸引人眼球的方式作宣传——本大学的研究工作将拯救地球。弗莱施曼感觉受到了侮辱，感到遗憾和焦虑。他参与此研究使他的声誉和职业生涯受到了损失。几个星期后，全世界为这个故事而疯狂。再后，整个事件消失在一片丑闻中，部分原因是没人能够复制他们的结果，根本原因是他们声称的结果似乎没有意义。

　　核聚变是能够实现的——当你把两个原子紧密地压缩，它们的原子核会结合或聚变，产生一个更重的原子并释放出能量。同时，这也是地球的生命之源，太阳正是以核聚变作能量输出。太阳内部，氢原子被巨大的引力压在一起，形成氦原子并释放能量。因此，科学家们一直梦想着在地球上建立可控的核聚变。

　　为了在地球上制造阳光，通常的办法是将"重"的氢原子混合起来。正常情况下，氢原子核中没有中子，但有些氢原子含有一个中子（氘）或者二个（氚），因而它们更重。这些重氢原子比普通氢原子更适合聚变，因为较低的温度和压力就能激发它们聚变。在太阳内部，聚变反应发生于 10 000 000 ~ 15 000 000 摄氏度，其压力为地球海洋最深处的 100 倍。在地球上，要达到可克服带正电荷原子核的电斥力所必需的温度和压力条件很难实现。因此，任何有价值的方法，都会受到人们的关注，例如使用"重氢"，氘和氚在海水中易于获得。

　　理论上讲，海洋中有足够的能量，可满足我们所有的能源需求。然而，现实很残酷，几十年来的研究人员一直试图作受控聚变反应却几乎被沦为了笑话。事实上，每当你问起进展，回答总是距离成功还差几十年。目前，尚不清楚我们能否在地球上创造出太阳的温度和压力条件。

因此，庞斯和弗莱施曼的主张显得不同寻常。他们提出，人们几十年来的努力和数百万美元的研究资金也许完全不必要，室温和常压也能产生聚变反应并释放核能——实验设备甚至不如烧杯复杂。

庞斯和弗莱施曼的设备非常简单。他们的烧杯里含有重水，这种水分子中每一个氧原子都与两个氘原子相结合，而不是两个普通的氢原子。他们将一个金属钯棒的一端放入重水，另一端连接到电池的一侧。电池的另一末端连接着一个铂丝线圈，盘旋在烧杯内壁。

装置连通后，电池的电流沿着铂丝通过重水进入钯棒。庞斯和弗莱施曼声称，这会让氘原子被压缩进钯原子之间的间隙——氘原子被压缩得太紧密，以至于它们开始聚变并释放能量。

至少，该说法的部分是有道理的。1866 年，苏格兰化学家托马斯·格雷厄姆（Thomas Graham）第一次注意到，金属钯能吸收氢气。事实上，金属钯对吸收氢气这件事似乎有不寻常的能力。在常温和常压下，钯能吸收大于自身体积 900 倍的氢气。不过，钯棒真能吸收那么多的氢原子，并导致核聚变发生吗？

庞斯和弗莱施曼指出，他们之所以这么认为，是因为实验中产生了大量的热。烧杯里的水温上升速度远高于电池可提供的能量。多余的能量从何而来？唯一的解释是——氘原子的聚变。

两位研究者第一次宣布这些实验结果后，人们开始疯狂地重复他们的实验。美国能源部召集了一个由顶级科学家组成的能源研究顾问委员会（ERAB）以对实验结果作判断。1989 年 11 月，专家组作出了判断，报告称："部分实验室支持犹他州实验室可产生大量热能的说法，但通常是不连续的且大多数报告为阴性结果。"专家组得出结论认为，"产生热的实验结果尚不足以提供有力证据，证明可用能源来自冷聚变……这个被称为冷聚变的新发现，其证据并不具有说服力"。因此，专家组建议，"不宜建立专门的机构或研究中心开发冷聚变。"专家组给予的最积极的评价是，"一些关于冷聚变的观察结果尚未被认定为无效"。因此，专家组建议,"可在现有的资助体系中,对目标明确的合作实验予以适度支持"。大多数科学家对庞斯和弗莱施曼表示同情。一直以来,人们对冷聚变的态度都很谨慎,以至于不敢冒险申请经费资助。如作家贝内特·达维斯(Bennett Daviss)所说,"冷聚变在科学中的地位就如色情作品在教会中的地位。"

只有一个地方对冷聚变的态度不那么糟糕,美国海军研究所的实验室。马丁·弗莱施曼是海军的一名顾问。海军的许多研究人员与他共同研究低温核聚变并发表了论文。他们非常清楚,弗莱施曼不是疯子。3年前,弗莱施曼就被评选为英国科学院皇家学会院士,该荣誉用来表彰英国和英联邦中最杰出的科学头脑。他发表了数百篇通过同行评审的论文,被誉为世界上最好的电化学家之一。在庞斯和弗莱施曼被饱受诟病时,美国海军研究人员也遭到了上级的询问——谁在从事该工作。多人力挺庞斯和弗莱施曼。因此,庞斯和弗莱施曼被允许继续研究。

研究继续保持低调姿态,在海军预算表上,你一定找不到"冷聚变"这个词。支撑该研究的经费是"杂项开支",并被标记为"氘异常效应系统研究"辅助研究。然而,也有其他海军化学家开展自己的研究。回顾1989年11月美国能源研究咨询委员会的报告,你将会发现梅尔文·迈尔斯(Melvin Miles)的贡献。

迈尔斯的故事几乎是冷聚变故事的缩影。现在,他已从海军退役,1989年他在加利福尼亚的海军空战中心实验室工作。作为约有100篇通过同行评审论文的作者,迈尔斯对实验的严谨要求并不陌生,他认为他可以为任何人的冷聚变实验做出检测。正是这个决定,终使他的职业生涯陷入了令人羞辱的境地。

ERAB的报告引用了迈尔斯的论文。论文说,迈尔斯展开了一个非常直接的科学实验。迈尔斯在他的实验室里找到了一块金属钯,他尽职尽责地将钯在重水中浸泡了一个星期。他的想法是,尽量将氘"装入"钯中。然后,他把银电极放进电化学电池中,倒入电解液。然而,什么也没发生——没有奇怪的加热效果,也没有核反应的证据,没有任何事情发生。这就是迈尔斯报道的研究结果,越来越多的证据对庞斯和弗莱施曼不利。

迈尔斯或许已准备放弃该实验了。但他的一些同事,包括一些他尊敬的人,仍在报告他们的实验中偶尔会产出多余的热量。于是,迈尔斯又试验了一遍。从1989年3月到8月,结果仍然没有变化。后来,弗莱施曼给他提了一个建议:弗莱施曼所用的金属钯是"知名贵金属冶炼商庄信万丰的优质产品"。随后,迈尔斯购买了一些上述产品,试了试。1990年12月,迈尔斯在《电分析化学》杂志上发表了自己的研究成果——八次实验中,新的钯样品产生了比输入时高出30%~50%的能量。

这篇论文并未激起人们的兴趣,甚至没有得到媒体的关注。但从本质上讲,迈尔斯的论文重复了庞斯和弗莱施曼的实验并获得了相似的结果。然而,他谨慎的报道并不表示能挽救他的事业。

直至1996年,迈尔斯才相对安全。迈尔斯的上级,化学家,海军研究办公室的罗伯特·诺瓦克(Robert Nowak)对他的冷聚变项目给予了适度的预算支持,并在面对怀疑者的威胁和抱怨时给予了辩解。这些怀疑者不喜欢联邦政府的资金落入冷聚变项目研究者的手中。诺瓦克为迈尔斯辩护,海军冶金学家给迈尔斯提供了足够他未来两年使用的钯合金电极。项目的管理者表达了足够的善意和耐心,希望迈尔斯能取得成功。当迈尔斯做得对的时候,电极可以持续产生30%~40%的额外能量增益。

不过,结果并不乐观。当时,大多数冷聚变项目研究者参与了其他项目的工作,但梅尔文·迈尔斯却没有。诺瓦克给迈尔斯在美国国防高级研究计划局安排了一份工作,但诺瓦克的继任者告诉迈尔斯,他即将失业。在新的工作氛围中,没人愿意聘请一位曾因参与冷聚变研究而名誉受损的研究员。在那些人眼里,迈尔斯署名发表的数百篇论文已没有了价值。迈尔斯被指派到一个仓库当办事员。由于他的冷聚变研究,迈尔斯结束了自己在海军的研究生涯,不得不从事在架子上取盒子的工作。人们从中得出经验教训:参与冷聚变研究工作是终结科研生涯最稳妥的方法，这甚至发生在诺贝尔奖得主身上。

施温格于 1994 年 7 月死于胰腺癌。虽然发表在《自然》杂志的施温格讣告并未明确提到他参加了冷聚变的相关工作，但仍然谈到"他的后半生忧喜参半"。讣告还提到，"施温格拒绝在理论物理学的新研究方向和热点中随波逐流——因为这些研究太投机，与实验太疏远"。这导致施温格变得孤独，在一定程度上远离了物理学家的世界。

在施温格看来，痛苦显然多于欣慰。施温格的同行对他从事冷聚变的兴趣更多的是轻蔑。1991 年，施温格去世的 3 年前，他写道："取得认同的压力非常大，我曾在杂志编辑部拒绝自己提交的论文时有深切体会，这是我对匿名审稿人制度的刻毒批评。论文审查制度取代了公正的审查，这将导致科学死亡。"

施温格对冷聚变的态度在他写的一篇讲话稿中充分体现，但该讲话稿并未公开发表。施温格去世后 5 个月，该讲话稿在一个关于冷聚变的会议中被宣读。"如波洛尼乌斯（Polonius）也许说过的话，既非真正的信徒，也非怀疑论者。"施温格写道，"从一开始……，我就不停地自问，'或许，不是去甄别庞斯和弗莱施曼是否正确，而是探求是否存在一种机制——在化学水平操纵原子就能产生核能。'"

施温格多次尝试对冷聚变结果作解释，并为此撰写了 8 篇理论文章。虽然他的理论皆未能正确解释观察到的现象，但他从未放弃。对他来说，庞斯和弗莱施曼的结果似乎引发了一个引人入胜的问题，值得他毕生坚持。在化学过程中操纵原子，可以释放核能吗？这位曾创立了重要理论的名人，被《纽约时报》誉为"20 世纪物理学中一位不合格的胜利者"。施温格认为，这是一个值得他余生为之努力的问题。

事实是，当时，冷聚变被认真对待是一种异常现象。值得注意的是，施温格的一些早期工作也是由他对异常的兴趣所驱使。在第二次世界大战结束后不久，新的实验结果表明，氢原子谱的"超精细"部分不同于那个时代的标准理论模型——该模型由英国物理学家保罗·狄拉克（Paul Dirac）创造。施温格被这个现象迷住了，但仍然谨慎对待。参与该异常现象研究的实验研究人员，哈佛物理学家诺曼·拉姆齐回忆：施温格不想浪费自己的时间，他总是全力以赴。

施温格邀请我吃午饭，询问我关于超精细异常实验的可靠性问题。他说，他认为，他可以解释该现象，但必须扩展相对论的量子电动力学理论。但他也担心，如果超精细异常不是真实的现象，他所做的工作就白费了。我告诉他，"我确信那是真的。"此后，他对该问题做了大量且细致的工作。

1947年12月30日，《物理评论》杂志收到了他对异常情况解释的文章。该文章将爱因斯坦的相对论和量子电动力学理论创新地结合起来。此后，该杂志正式刊登了施温格的论文，这是相对论在量子电动力学领域的首次应用，也是现代物理学的重要组成部分。施温格首先确定了氢光谱异常现象的真实性，才投入了大量时间用于研究。如此看来，施温格当时已确信，冷聚变的实验结果是真实的，故而才会深入研究。

施温格去世了，迈尔斯也退休，庞斯和弗莱施曼受到了公众的责难。值得庆幸的是，冷聚变研究持续了下来。2004年，美国能源部的一项研究承认了冷聚变的研究申请，并建议"资助那些个别的、经过精心设计的冷聚变实验方案"。

针对1989年以来匆忙编制的ERAB报告，美国能源部就其新积累的证据进行了第一次审查。从那时起，事情开始发生变化。例如，海军研究人员发表了2卷报告，涵盖了他们10年的研究成果。然而，令人感兴趣的是对最初的、最令人沮丧的报告的修正——庞斯和弗莱施曼的研究结果。

在庞斯和弗莱施曼首次提出他们的观点时，有三位研究人员通过实验证实或驳斥了冷聚变。不论是积极结果或是消极结果，来自麻省理工学院、加州理工学院和英国哈威尔实验室的结果显然比世界上其他实验室的结果更具权威。这三个重量级的研究皆报道，他们并未检测到任何多余的热量。显然，他们宣布了冷聚变研究的终结。

然而，麻省理工学院的报告并不完全准确。麻省理工学院的研究人员报告说，他们试图复制庞斯和弗莱施曼的实验，但并未产生比他们预期更多的热量。事实上，有的研究结果并未发表在正式的论文中，但它们被附在了论文的补充附录——一些实验确检测到了多余的热量。

麻省理工学院的首席科普作家尤金·马洛夫（Eugene Mallove）接收到了来自学院的论文终稿，这一转变迎来了希望。1989 年 7 月 13 日的实验结果表明，并未产出更多的热量——这是一个对冷聚变不利的结果。然而，马洛夫曾收到过该论文早期的草稿，早期稿件详细介绍了实验的结果——数据显示，7 月 10 日的实验结果检测到了更多的热量产生。然而，3 天后，实验结果就由过量热量产生改为了阴性结果。为此，马洛夫提起了正式申诉，愤然辞职予以抗议。

马洛夫的指控致使实验结果的附件被添加到麻省理工学院的报告中。但这并未改变 ERAB 提供给国会的报告结论，该报告指出庞斯和弗莱施曼的结论缺乏依据。但该报告也指出，实验中记录的热量图形曲线确实发生过改变。对此，研究小组认为，多余热量产生的证据并不确切。这或许只是热量的突然释放，且释放的速度并不迅速。研究者们似乎对自己的数据缺乏足够的信心，10 年后的马洛夫回忆，"麻省理工学院等离子体聚变实验室罗纳德·R. 帕克（Ronald R. Parker）教授曾公开表示，'量热法的数据没有价值'。"

量热法是检测热量变化的科学，也是公认的最难的科学方法。值得指出的是，目前，量热法测得的数据也不完全支持冷聚变——根据海军研究人员的说法，目前冷聚变实验仍然不能可靠地、多次地产生可测量的热量。不过，过去 15 年的研究还是改变了美国能源部的态度，他们开始承认冷聚变实验确有值得研究的东西。故而，冷聚变也有了进一步的突破。现在，冷聚变研究者们有了可靠的证据，无论是否采用量热法检测，他们的实验一定发生了某种核反应。

为了从原子中获得能量，你必须用"核裂变"打破原子核，或者用"核聚变"将轻的原子核聚起来。两个过程皆能释放能量，同时也会产生一系列反应产物——后者取决于你使用的原子类型，以及采用的是核聚变反应或是核裂变反应。反应产物中，有许多是从反应中射出的高能粒子，可以被检测出来。

核科学家们使用了一种叫作 CR39 的塑料材料，以检测核反应的发生。CR39 是一种塑料，被用于眼镜镜片的制造。如果将一块 CR39 塑料放在含有核反应的腔室旁，飞出的高能粒子会断裂多聚物中的分子键，形成微小的凹坑和划痕。通过观察凹坑和划痕，可以推断出是什么样的粒子击中了塑料片，并推断它们所携带的能量高低。这可以告诉你，在这个反应体系内发生了什么样的核反应。

海军研究人员将一块显微镜载玻片大小的 CR39 塑料片，放进冷聚变反应器中，之后再请核辐射轨迹专家来观察。专家们确信，他们从中看到了核反应发生的证据。如果在 CR39 塑料片旁放一块贫铀（一种放射性金属），那么，CR39 塑料会布满随机线和同心圆。将一块 CR39 塑料片放在冷聚变实验中，我们能看到一样的结果。

听起来，这似乎太不可能，但 CR39 塑料片提供的证据几乎无可争辩。专家证实，无论这些简单实验发生了什么，一定牵涉了核反应。这是一个大事件，可以让冷聚变的研究者们自信地向海军高层谈论他们所做的事情。CR39 的相关数据使冷聚变的研究者们多年来首次在主流杂志上发表了文章。2007 年 6 月，上述研究成果被发表在德文杂志《自然科学》上——该杂志曾发表过阿尔伯特·爱因斯坦的文章。CR39 的数据说服了美国海军进一步对冷聚变的研究提供资助。

尽管如此，研究者们仍未获得额外能量的可靠证据。事实上，他们甚至未使用"聚变"二字，只是将实验中发生的事件称为"低能核反应"。在许多方面，这非常令人沮丧，在冷聚变中，量热法似乎就已说明了问题。尽管如此，我们必须接受现状。目前，检测到的所有冷聚变异常变化的有利证据，主要来自 CR39 的实验。也许，冷聚变会是一种干净的、几乎取之不尽的能量形式，但也许不是。我们可以这样说："金属钯吸收氘分子，再通上电流，似乎可以发生某种核反应。"

《经济学人》杂志是为数不多的正视冷聚变研究的出版物之一。在

1989年庞斯和弗莱施曼发布公告后1个月，该杂志就表示，"这件事应被科学界重视。即便他们错了，也不会造成任何伤害，关于浪费时间和金钱的抱怨是懦弱的反应。庞斯和弗莱施曼为人们提供了丰富的兴奋点和灵感"。事实上，《经济学人》杂志是正确的，这项科学研究应该得到关注，它已在某些方面指导我们的研究。很清楚的是，冷聚变提供了一种可能——不需高温高压的前设，也能发生核反应。当我们更深入推进现有的核物理学，当我们的理解超出了目前的量子电动力学理论时，也许未来的某日，冷聚变实验将成为黑暗探索中的偶然飞跃，使我们进入一个全新的核科学时代。

也许，这里引用约瑟夫·普利斯特里（Joseph Priestley）的观点最合适。普利斯特里发现了氧气，偶然发明了碳酸水。"在这个行业，"他曾说，"更多的是缺乏机会，也即观察未知事件引发的现象，而非使用先入为主的理论去解释。"

冷聚变的故事表明，它试图探索一个深刻的理论，它不仅爆发出了丑闻还揭露了人性（科学研究中的人性）最糟糕的一面。所幸，一切并未结束，有迹象显示，冷聚变的研究会产生一些有价值的东西以掩盖其黯淡的历史。

让我们高兴的是，马丁·弗莱施曼和斯坦利·庞斯只是因为好奇，才在科学研究中不断探索。

5 生命

人体仅是一堆化合物？

到目前为止，我们已研究了从巨大尺度到最小尺度的异常：大至宇宙的终极性质，小到原子核的自然特性。它们的影响范围巨大，从了解宇宙的终极命运到利用地球上的新能源。然而，对人类而言，我们面对的下一个异常似乎更加重要。圣达菲学院的复杂理论研究专家斯图亚特·考夫曼说，"我们认真对待这一问题，可以为一门全新的科学打开大门。它会是什么？其中，你最了解的，是我们称之为生命的东西。"

从某种意义上说，很难将生命视为一种异常现象，但也许这是出于熟悉而产生的忽视。请不要再认为它是理所当然的，想一想，是什么导致生命与无机物产生了根本不同。随着科学观察的进行，人们逐渐形成了明确的看法，大量的物质具有我们称为"活着"的品质。我们发现，身边的很多东西不会被称为"活着"。遗憾的是，地球上，没有一个科学家能告诉你，它们之间的根本区别。同样，没有一个科学家能从"非活着"的状态中剔除某些东西，并将它变为"活着"的东西。事实上，科学家们通过探讨试图达成一致——从非生命体到生命体这一步，究竟发生了什么。

今天，我们知道，人类是由各种分子组成，我们的行为和特性可以用科学进行描述——量子理论为我们提供了最根本的解释。然而，我们不清楚的是，这些分子以某种方式结合在一起后，产生了任何理论都无法解释的属性。我们认识到，这些属性就是我们称之为生命的东西。相比而言，对宇宙学家来说，没有什么能比暗能量更具启发性且令他们着迷。但量子理论之父埃尔温·薛定谔在1944年提出了疑问："生命是什么？"

大多数科学家倾向的答案是，"没有什么特别"。没有理由认为，存在某种物质或精神的东西，即"生命火花"在分子组合中创造了生命。也没有理由认为，这个问题在某种程度上已超出了科学的范围，应归为神学或哲学现象。科学家们说，"没有理由认为，我们找不到答案。或许，我们仅是不知道答案在哪儿；又或许，我们不知道如何寻找。"

有许多方法试图揭示生命的本质。一种方法是，发现生命是如何开始的——将生命树追溯至物质最初的起源，即称化学方法。一种方法是，尝试从头开始构建"活着"的生命体——取一些化学品，将它们组合起来使其具有生命。第三种方法是，坐下来思考，生命和非生命之间的根本差别，并据此给出生命的定义。最后这条路或许是最受欢迎的，但也被广泛认为是条死路。

如何定义生命？是一个可以自我复制的系统？如果这个逻辑正确，许多计算机程序似乎也能称为生命。如果生命被定义为能消耗能量、四处走动、排泄废物的东西，那么，汽车似乎也能称为生命。然而，没人会认为汽车具有生命。

薛定谔得出的结论是，"生命是一个系统，它可以改变熵的自然发展过程，导致环境从有序到无序的转变；生命可以有效地从环境中的无序状态创造有序。"薛定谔认为，这就是抗拒死亡过程的本质。事实上，这远远不够，蜡烛火焰在紊乱的环境中的确创造出了秩序，但它仍然不足以回答前述的问题。

物理学家保罗·戴维斯（Paul Davies）试图阐明生命的定义，但他仍未获得最终答案。相反，他认为，在我们赋予生命各样的特征属性中，没有一个能定义生命本身，因为这其中的许多属性也为无生命物质所拥有。戴维斯在自己的著作《第五奇迹》一书中列举了这些属性，并指出："这些属性之所以不能用于定义生命，是因为它们仅是对生命的解释或描述，而非定义。"活着的生物体正在新陈代谢，通过处理化学物质以获取能量（就像木星的大红斑）；它会自我复制（骡子不会，而火焰和晶体会）；组织结构复杂，它由相互依存的复杂系统组成，比如动脉和腿（就像现代化的汽车）；它会生长和发展（就像金属生锈）；它包含了信息，并传递这些信息（就像计算机病毒）。生命还通过突变和选择导致了进化，表现为永久性与变化性的结合。最后，也许，戴维斯最有说服力的是，生物具有自主性，可以决定自身的行为。

其他研究者进一步为生命的定义增加特征属性。根据生物学家林恩·马古利斯（Lynn Margulis）的说法，"一个活的生命体具有一个边界，作为生命系统特征的一部分。"不管大家如何看待，该定义或者说这一系列建议，都太模糊，不太有用。事实上，定义生命的尝试开始被视为具有破坏性。2007年6月，《自然》杂志的一篇社论宣称，"或许，人们希望认识无机物和有机物之间的本质区别。然而，这种想法或许会与达尔文之前的人们的信仰一样，最终遭到放弃——当时的人们认为，生物是自发地从腐烂的物质中产生的。那些自认为超越了这种信念的科学家，当他们试图构建什么是生命时，这些信念实际上仍然会影响他们。"

这篇《自然》杂志的社论预示着合成生物学的成就：人们试图从其化学成分开始构建生命。在现有的认识中，这是认识生命不符合任何现有的理解模式的研究方向。虽然合成生物学的研究是开放的，但它能否成功仍被质疑。

芝加哥大学的化学家坦利·米勒（Stanley Miller）和哈罗德·C. 尤里（Harold C. Urey）是在创造生命领域产生过重大影响的先行者。1953年，他们在密封的烧瓶中装入氨、甲烷、氢气和水，模拟了原始地球的大气。然后，他们让电火花穿过混合物。当时，他们的想法是，原始地球的闪电风暴或许能将化学物质创造为最初的生命。

该实验取得了非凡的成功。在连续放电一周后，甲烷中约有2%的碳转化为了氨基酸，即蛋白质的组分。关于生命的形成，这或许是个启示。

问题是，这个实验存在缺陷。科学家们认为，米勒和尤里实验使用的并非原始大气中存在的气体。事实上，上述混合物的基本化学特性或许与原始大气完全不同。更重要的是，地球生命中的基本组成成分（蛋白质、脂类、碳水化合物和核酸）均未出现。纽约大学化学教授罗伯特·夏皮罗（Robert Shapiro）把实验中产生的氨基酸，比作随机敲击打字机按键时产生的短语。这意味着，戏剧《哈姆雷特》的剩余部分并不会接着被敲击出来（因为是随机的）。"对这些可能性的一切严肃计算均表明，以这种方式制作剧本的希望是渺茫的，"他说，"即使地球上的每个原子都是打字机，也要不间断地打印4.5亿年。"

所以，米勒和尤里的实验很难称为真正的成功。然而，它显示了从无机物到有机物的转变具有可能。1961年，加泰罗尼亚·胡安·奥罗（Catalonian Juan Oro）做了进一步的实验。奥罗将水、氰化氢和氨放在一起，产生了大量的腺嘌呤。腺嘌呤不仅是组成DNA碱基对的四种基本成分之一，它还是三磷酸腺苷（ATP）的重要组成部分。ATP是生物体中提供能量的重要化学物质。没有ATP，你将不能奔跑，不能生长，甚至不能呼吸。

诺贝尔奖获得者佛兰德的生物学家克里斯汀·德·迪夫（Christian de Duve）曾说，"生命可以繁殖。虽然组成生命的物质几乎都司空见惯，但在一定条件下，或许可以创造奇迹。也许，需要多个步骤之后才能创造出生命。"同时，如果很简单就能创造出氨基酸和腺嘌呤，那么，生命的开始也应该较容易。认真对待这个观点有充分的理由：地球上的生命正以惊人的速度发展。

在澳大利亚西北部皮尔巴拉地区的中心地带，太阳照射在形成地球上第一个生物的红色岩石上。这些岩石形态非凡，类似于装鸡蛋的纸箱和颠倒的锥形冰淇淋。它们的排列和形状告诉我们，它们是由35亿年前的微生物的排泄物沉积而成。

我们的太阳系在45.5亿年前形成。之后的数千年，太阳系是一个由小行星和彗星组成的大旋涡——巨大的岩石在太空中穿过，撞击着行星和卫星。根据地球的地质成分分析，最公认的观点是，火星大小的陨石曾撞击了原始的地球。该撞击使地球表面变为熔岩，并将一团熔融的岩石送入轨道——我们今日可见的银色月亮。

地球表面可能需要几千万年的时间才能从这种灾难性的影响中冷却下来，而持续的撞击减慢了它的冷却速度。人们在研究月球表面形成的陨石坑时发现，只有在星体表面变硬后才会形成凹陷。这个研究告诉我们，大约38亿年前，小行星和彗星风暴才开始减弱。只有在那之后，才是生命的开始。在那之后，大约过了3亿年，皮尔巴拉地区才开始出现微生物。

宇宙学家和天文学家卡尔·萨根（Carl Sagan）认为，生命的崛起证明这并非什么难事——在条件允许的情况下，地球上的生命会以惊人的速度繁殖。1995年，他发表在行星协会《生物天文学新闻》的一篇论文中记述，"生命的起源必须具有合适的环境。只要条件允许，生命会立即繁衍！"1996年，萨根死于骨髓增生异常，一种与白血病相似的骨髓疾病。萨根认为，"生命有极大可能存在于宇宙的其他地方。"

今天的许多生物学家提出了一个以自我为中心的结论：如果生命的出现如此容易，我们似乎应该能制造生命。在这个领域工作的大多数科学家认为，他们面临的任务具有可实现性——问题在于人造生命何时被创造，而非是否可行。毕竟，它发生过一次——当一道闪电碰巧击中一碗合适的原始汤时。今天的生物技术专家们当然认为自己的努力能让它再次发生。生命2.0的产生应该不会太困难。

然而，这种乐观态度并未考虑到我们的无知。10多年来，科学家们一直坚信，他们正处在准确掌握生命如何从化学成分中产生的时间节点。不过，目前仍不能确定，今天的我们比10年前更接近这一成就。如果创造生命只是"简单地"在正确的条件下将正确的化学物质放在一起，那么，科学家们对什么是"正确的"化学物质或"正确的"条件，尚未达成共识。

当第一颗原子弹在新墨西哥州洛斯阿拉莫斯附近的沙漠中成功试爆

后，该计划的首席科学家 J. 罗伯特·奥本海默（J. Robert Oppenheimer）只作了一句评论，"它成功了。"然而，在几年后拍摄的一部不同寻常的新闻片中，奥本海默承认，当时自己的心中充满了更深层次的思考。他回忆，"当时的自己几乎不能抑制自己的情绪，只能向下注视着地板，悄悄地擦去眼中的泪水。"

我们知道，世界上的人是不相同的。有的人爱笑，有的人爱哭，还有大部分人喜欢保持沉默。我记得印度圣经《薄伽梵歌》的一段："毗湿奴正试图说服王子尽自己的职责，并以他多条手臂的形象给王子留下了深刻的印象。"我想，我们都应以这样的方式思考问题。

如果还有另一个改变世界的时刻，就像原子弹爆炸试验那样深刻，一定是人类第一次将无机物转变成了生命。在新墨西哥州的沙漠中，斯蒂恩·拉斯姆森（Steen Rasmussen）试图在洛斯阿拉莫斯国家实验室中实现这个想法。如果拉斯姆森的项目成功——"洛斯阿拉莫斯虫"具有了生命——它将重新定义我们在宇宙中的位置。我们称之为生命的东西将不再是一种异常现象。

拉斯姆森被指责想扮演上帝，甚至有人建议他的项目应该被立即终止。如果他想消除这些指责，他所要做的是列出洛斯阿拉莫斯虫的一些成分。洛斯阿拉莫斯虫的食谱与皮尔巴拉微生物不同，也与地球上所有的其他生物不同。实际上，有人会说洛斯阿拉莫斯虫并非生命，而是一小块肥皂。从根本上说，它就像一个洗衣粉的斑点，由肥皂加上一些光敏复合物组成，就像使你的白衬衫变得更白的那些东西。拉斯姆森苦笑着指出，你可以在当地的杂货店买到所有的原料，几乎没有科幻成分。

肥皂分子是由脂肪酸甘油酯组成的——本质是脂肪。但是，它的两端性质不同——一端是亲水的，一端是疏水的。将它们放入水中，分子会自行排列，就像一朵花的花瓣，亲水端朝向水这一侧，疏水端向中心聚集。油和脂溶性分子被包裹在每朵"花"的花心，并被它们所依附的东西带走。

选择脂肪球（事实上应称为脂肪酸）作为生命后代基础原料的理由很简单：它提供了一个有用的容器。在水中，脂肪球创建了一个整洁的、自给自足的结构，并在试管内稳定存在。此刻，还需要的只是一些遗传物质。

洛斯阿拉莫斯虫的遗传物质不涉及 DNA。相反，它的遗传物质是 PNA。P 代表肽链，即短链的氨基酸，也是蛋白质的组成成分。PNA 与 DNA 类似，由两条相互缠绕的氨基酸组成，只是其组装更简单。PNA 不带任何电荷，这意味着它能溶解在脂肪中。PNA 将自身嵌入在洛斯阿拉莫斯虫的油滴中，等待着复制的机会。

当温度升高，复制的机会就来了。达到一定温度后，PNA 双链发生解离。这会使氨基酸链局部的少量电荷暴露出来，并受到水分子的吸引。洛斯阿拉莫斯虫遗传物质的骨架仍保留在油滴内，而带电荷的基团被吸引到油滴的边缘，并与长度短于 PNA 的短链氨基酸相遇。拉斯姆森和他的团队计划将上述物质都漂浮水中——水是一种生命支持系统。其中一些短链氨基酸将与暴露在水中的 PNA 链"碱基"结合。如果结合方式是正确的，那么，PNA 单链就将配对成一个新的双链。PNA 的电荷变成中性，会再次回到油滴中。随着温度的起伏，这个过程会一次又一次地发生——洛斯阿拉莫斯虫的遗传物质将不断复制——当然，每一次的复制过程都有可能出现有趣的突变。

可不能说这就达到了实验目的。事实上，拉斯姆森的团队只实现了生命的生长和分裂，未做到基因复制。尽管如此，拉斯姆森相信，如果一切都成功了，洛斯阿拉莫斯虫就会活下来。

"好吧，只是在某种程度上，是活的。"拉斯姆森承认，如果你将生命定义为像我们一样的生命，那么，它将不是生命。他说，"这需要我们努力很多年。因为细胞是一个非常复杂的系统，目前我们对它的了解或许还不到 50%。"拉斯姆森相信，如果所有的组成部分都能正常运转，那么，洛斯阿拉莫斯虫就会活下来。

例如，它具有基本的新陈代谢功能，也能繁殖。一些短的肽链原料漂浮在水中，其一端附着有光敏分子。这些分子将使肽链保持电中性，从而具有脂溶性；洛斯阿拉莫斯虫最终将"摄取"这些肽链。然而，当白天来临时，光线会导致光敏分子断裂，使肽链带上净电荷。这将使它们受到周围水中异性电荷的吸引，移动到洛斯阿拉莫斯虫的膜表面。随着光线强度的提高，越来越多的短肽链试图结合到膜的表面，致使膜表面不够用。拉斯姆森说，"这将导致该油滴分裂成两个，即油滴发生了复制。该事件的整个过程意味着，PNA 的带电特性阻止了这些生长用的原料分子掺入到遗传物质中，将其生长和基因突变的过程很好地分离开来。

尽管如此，认为脂肪球是生命体仍是一件非常纠结的事。事实上，《自然》杂志的社论也质疑"生命"的定义，并指出："那些试图从头开始构建有机物的任何尝试，真的可以被视为'创造生命'吗？"比较一下那些与拉斯姆森的研究具有竞争的其他项目，我们对上述问题的答案为"不是的"，例如克雷格·文特尔（Craig Venter）的项目。

虽然常识认为尿路感染并不是什么好事，但文特尔也许不那么认为，他正致力于破解人类基因组。文特尔从事生命科学的研究，他的研究项目是试图阐明一种细菌的生命奥秘——该细菌可导致尿路感染，让人在排便时感觉火烧一般的疼痛。

20 世纪 80 年代初，科学家在人类尿液中首次发现了生殖器支原体。它感染人体后，患者会被一种称为非淋菌性尿道炎的疾病折磨。现已证明，该生物生活在人类的生殖道中，它的基因组是地球上最小的。人类约有 30 000 个基因，而生殖器支原体仅有 517 个且其中还有约 300 个基因似乎没有用处。

1995 年，文特尔领导的研究团队首次对生殖器支原体基因组进行了测序。该生物体基因的相对简单性激发了文特尔将其剥离至最基本组成的愿望，以观察究竟什么基因是生存的必需。文特尔说，"一旦生殖器支原体的基因组减少到最低限度，你将会明白生命存活的基本需要。"它能提供一个有用的生物工厂，文特尔计划将其他基因插入细菌基因组中，使细菌能具有合成胰岛素的功能。毫无疑问，这解释了为什么文特尔的动因——就最小基因组申请专利。

文特尔已研究出了组成最小基因组所需要的基因，并合成了它们。在撰写本文时，该项目组正将合成的基因组植入已除去原基因组的细菌中。文特尔已经证明，他的团队在原则上可以进行基因组移植且无技术障碍。尽管这被视为向创造生命迈出了一大步，但文特尔所创造的，严格来说只是一种新物种而非新生命。加州大学圣克鲁斯分校的生物物理学家大卫·迪默（David Deamer）的说法更直接。他说，"文特尔团队正尝试制备的生命体，实际上只是一个'彻底改造的有机体'。"

在罗马，皮尔·路易吉·路易斯（Pier Luigi Luisi）领导的研究小组也正在该研究领域进行探索。路易斯的"最小细胞计划"从一个囊泡开始构建——囊泡是一种在细胞内运输物质的容器——然后在其中加入各种化学物质和组分成分，直至有类似完整的存活细胞出现。在哈佛大学，杰克·索斯塔克（Jack Szostak）计划在泡囊中填充生物材料，以观察泡囊在什么情况下开始自我复制。索斯塔克愉快地承认，这是一个长期的研究项目，且没有一个明确的研究目标。他一直说，欲实现人工生命体的复制需要 10~20 年的时间，事实上这个时间早已过去。

即使文特尔的简化版细胞或者拉斯姆森的脂肪球在试管中最终"活着"，也不一定能代表"生命"这件事的线索。因此，我们身处何方？受耶稣会教育的克里斯汀·德·迪夫（Christian de Duve）谈到了宇宙的必然性。他指出，"在合适的条件下，生命是物理定律不可避免的结果。"这与拉斯姆森所说的基本一致：生命只是处理能量非常有效的一种方式。这种观点的问题在于，它仍未解释生命是什么？什么促使了地球上生命的出现？拉斯姆森反驳，"个人因素和总体现象是两种不同的东西。"他继续指出，"如同看到一辆车并不能告诉我们关于交通堵塞的全部事情。"

也许，正是生命的反常导致了我们的科学革命。如果还原论是一个死胡同，我们何不掉头向相反的方向研究。

13 Things That Don't Make Sense

1972年8月，贝尔实验室的物理学家和诺贝尔奖获得者菲利普·安德森（Philip Anderson）在《科学》杂志上发表了一篇文章。一般地，在研究上，安德森惯于提出挑衅的观点。这篇文章的标题是"更多则不同"，引起了大家的阅读兴趣。

根据安德森对过程研究的科学经验，他肯定地指出，"用我们掌握的少量粒子属性的知识并不能理解大型复杂粒子群的行为。换句话说，就像汽车和交通堵塞的区别，数量的增加会出现不同的属性。"他断言，"这是一个真正的原则，而不仅是一种观察。在每一个新的复杂层面上，全新的属性出现了，对新行为的理解需要开展研究。我认为这些研究在本质上与任何其他基础研究是一样的。"

安德森说，"如果要了解我们生活着的宇宙，或许不得不放弃还原论——将所有东西简化为简单的基本法则，并不一定能使我们认识原始规律并重建宇宙。"事实上，基本粒子物理学家告诉我们，"基本规律的性质越多，它们与真正科学问题的关联越少。"

问题在于，我们通常习惯用分解法理解事物：一块金属被分解成原子，原子被分裂成原子核和电子，原子核又被分裂成质子和中子，再被分裂成夸克。这就是科学在上世纪取得的进步，也是成功的见证，现在必须改变方法吗？

安德森说："非如此，我们就不会进步了。我们被傲慢的分子生物学家困扰——他们似乎决心将人类的一切有机组成全还原成化学物质。""人类行为和DNA之间的关联，肯定比量子电动力学和DNA之间的关联更多。"他认为，"每一个层次都需要一个全新的概念结构去解释。"

安德森借助历史对话结束了自己的论点：

F. 斯科特·菲茨杰拉德（F. Scott Fitzgerald）："富人和我们不同。"

厄内斯特·海明威（Ernest Hemingway）："是的，他们有更多的钱。"

我们知道，没有一本书规定了巨大财富的拥有者有与他人截然不同的行为规范。然而，我们确实看到了这种行为差异存在的证据。安德森说，"使用还原论的方法，找不出某些现象的本质以及发生的原因。我们必须观察这些'突发事件'的出现，并试图找出产生这些现象的原因。"

30多年过去了，几乎没人倾听。然而，在千禧年之交，另外两位物理学家接受了安德森的观点。诺贝尔奖获得者罗伯特·劳克林（Robert Laughlin）和杰出的物理学家大卫·派因斯（David Pines）在《美国国家科学院学报》上发表了一篇论文。他们引用了安德森的"更多则不同"的口号，并宣称："在我们这个时代，物理学的核心任务不再是写出终极方程式，而是揭露突发事件的伪装并分类登记——包括生命本身这样的'突发事件'"。

他们的基本想法是：当一个系统由许多相互作用的部分组成时，它会以令人惊讶的方式自我组织。系统各部分之间的各种相互作用，将导致令人惊讶的复杂行为。化学家乔治·怀特赛德斯（George Whitesides）将小铁球连接而成的轴承放入培养皿，然后在培养皿下放置了旋转的磁铁棒，以展现这种复杂行为。小铁球自我组织成同心环，每个环都跟随磁铁棒旋转。这种行为方式背后的物理支撑是——每个球都受到了磁性相互作用和摩擦力的共同影响。然而，我们很难阐明它们之间的相互关系。或许，我们可以在"突发行为"的背后找到通用的"组织原则"，并在分析类似的复杂系统时将它们作为规则运用。这个观点认为，一些复杂现象看上去似乎不可理解，但却能通过这些规则来描述，如蛋白质折叠和高温超导现象。一旦我们找到了规则，我们就能解开大量的类似现象——包括生命诞生的谜团。

参与这项工作的人一定会谈论一场精彩的比赛。根据圣达菲复杂理论家斯图亚特·考夫曼（Stuart Kauffman）的说法，"有机体不仅是拼凑在一起的新玩意儿，更是一种深层自然法则的表达。"劳克林说，"那些更深层次的规律和组织原则才是物理规律的真正来源,包括我们所知道的最基本规律。"

1999年,劳克林和派因斯(Pines)在加利福尼亚大学建立了复杂适应性研究所。这个想法是让科学家们共同研究他们发现的各种令人费解的"突发现象",并设法找出这些现象背后的原理。他们一定做对了某些事情,因为自2004年以来,美国国家科学基金会一直资助这项工作。

认识到我们踏入了一个全新的科学分支的想法一定会令人鼓舞且激动人心。弄清楚让这些小球形成旋转的环形的真相,不但有助于我们解决生命诞生的谜团,还能揭示暗能量的真实本质,以及阿尔法为何变化的本因。遗憾的是,现实仍然令人失望,至今我们未能突破或改变我们对宇宙的历史看法。我们不知道突发现象的规律会是什么模样,但这并不意味着安德森、派因斯、劳克林和考夫曼是错误的。它只是意味着,他们希望解开的谜团可能暂时得不到答案。

迄今为止,生命固执地保持着一种异常现象:独特、神秘、简单,且特殊。这种情况与现有的科学认识无法保持一致。大多数科学家都有充分的理由认为,生命不是某种特殊的东西,也不是"某种灵感"的产物——如《创世纪》所述,上帝的呼吸导致神秘诞生。这种特殊的神秘主义观与21世纪的主流科学思想并不相符。这种观点只表明了我们有多么的微不足道。

卡尔·萨根的说法也许是最好的。我们生活在由岩石和金属组成的行星上,这颗行星正围绕平淡无奇的恒星旋转。后者仅是构成银河系的众多恒星(4 000亿颗)之一。数十亿的星系组成了我们的宇宙,我们的宇宙也许仅是众多宇宙中的一员——也许,我们的宇宙之外还存在无限数量的其他宇宙。这是一个非常值得思考的人生观和文化观。

如作家乔治·约翰逊(George Johnson)所说,"我们已学会了陶醉于自己的微不足道"。然而,今天生命的不同寻常破坏了我们的自以为是。现在,当我们重新解释生命时,或者从零开始重新创造生命以消除所有谜团时，应该怎么做？

　　一个明显的答案是，在太阳系的其他地方寻找生命。也许，我们觉得生命很难在太阳系的其他地方存在，因为这可不像拉斯姆森和文特尔认为的那般容易。也许，生命之所以能在地球上快速繁衍，是因为它并非源于地球直接产生，而是源于外层空间的现成的生命体。从科学的角度看，这似乎使我们成为了外星人的后裔。这个想法并未引起过多争议。20世纪90年代初，美国国家航空航天局资助了一个项目，研究"岩石撞击火星、金星或水星时，会发生什么"。该项研究持续了多年时间，使用台式计算机模拟出现在太空中的岩石轨迹。1996年，该研究结果最终发表在《科学》杂志。结果很清晰：几十亿年以来，太阳系内的行星和卫星一直进行着岩石交换。研究人员表明，由于地球引力场吸引碎片，大约4%的火星表面脱落物质会落到我们的星球上。

　　这与事实是符合的。在南极冰原的原始保存环境中，人们发现了几十个具有火星地质学特征的陨石。那时的火星气候湿润，适合生命繁衍——那个时代，火星比地球更适合生命居住。如果这些岩石来自火星为真，我们无法排除火星的生命经历一个突然（不请自来）的旅行到达我们星球的可能，这些外来生命作为一个分支开启了地球上的新的生命繁衍。

　　从火星到地球的旅程或许需要长达1 500万年，旅行中的所有微生物都会接触到大量的辐射。但我们知道，一些陆地微生物可以自行休眠，数千年时间不用呼吸或代谢也能存活。此外，我们在硫黄喷泉、深海火山喷发口和放射性废弃物中均发现了细菌等"极端微生物"，这表明微生物的耐受条件不应被低估。地球上到处都是细菌，这些细菌或许在"从火星前往地球的旅行"中受到了严酷的辐射，但仍然生存了下来。

　　鉴于这些信息，我们很难说，太阳系的其他地方不存在生命。生命之所以难被制造，主要问题是，我们不知道它是如何开始的。也许，地球的条件不足以制造生命，只能为生命提供一个美好的家园——这是一个非常有吸引力的假设。我们有两件与生命有关的异常需要考虑：其一，我们与地外生命发生接触具有可能；其二，我们或许能在火星上发现生命。

6 海盗号

火星生命证据改变了科学家的看法

任何关于生命起源、生命本质和生命必然性的讨论，都必须面对1976年由吉尔伯特·列文（Gilbert Levin）收集的一系列实验结果。30年过去了，它们仍然是科学文献中充满争议的话题。

今天，列文的公司Spherix总部位于匿名的郊区商业园内，距离华盛顿特区有40分钟的出租车车程。

列文的职业生涯初期是个环卫工程师。他在约翰霍普金斯大学获得了自己的博士学位，论文题目是《污水生物对磷的吸收代谢》。这看起来似乎不怎么引人注目，然而，这让他走上了一条研究火星的道路。列文在哥伦比亚特区公共卫生部门工作期间，发明了一种检测微生物存在的新方法——通过盖革计数器检测生物体呼吸产生的放射性碳，从而快速分析样本中微生物的存在。当他在美国国家航空航天局工作时，他试图运用这项技术探测地外生命的存在。

当海盗号宇宙飞船第一次传回列文的实验结果时，卡尔·萨根打去了电话，祝贺列文发现了第一个地球之外的生命。卡尔·萨根是探索宇宙的代表人物之一，也是美国每个热爱太空的孩子心中的英雄。几天后，列文非常失望，萨根也收回了他的祝贺——有证据表明，实验结果有误。10年过去后，列文才有勇气站出来继续支持自己的发现。现在，列文已81岁了，他仍然坚持火星能找到生命的观点。

火星是地球的姊妹星球。虽然它只拥有一个稀薄的大气层，但是一想到火星表面可能存在生命，我们就变得兴趣盎然。金星的大气层像深海那样有着巨大的压力；水星和冥王星没有大气层；木星、土星、天王星和海王星甚至没有一个能让我们立足的表面。相比之下，火星似乎最适合。有人甚至提出"改造"火星的想法，我们有办法将它变成一个适合人类居住的星球。虽然这种想法只在科幻小说出现过，但今天的美国国家航空航天局的研究人员正制定可执行的工作时间表。

改造火星是几个世纪以来人类迷恋这个红色星球的高潮。巴比伦人认为，火星是"燃烧的星星"，一个生气的、嗜血的天神。古代的中国人、阿兹特克人、希腊人和罗马人也都有类似看法。当人类发明望远镜后，我们对这个星球的认识变得更加冷静。17 世纪，伽利略·伽利雷（Galileo Galilei）和克里斯托弗·惠更斯（Christopher Huygens）将火星从神坛上拉了下来，并绘制出了它的天文特性。然后，到了 19 世纪末，火星再次变得神秘，因为帕西瓦尔·罗威尔（Percival Lowell）试图确认火星上居住着智慧文明。

一旦技术的进步成为可能，一艘又一艘的探测器就会在近地点被发射到火星。至 1964 年底，苏联已向火星发射了 6 艘飞船。然而，它们均未能成功到达火星。一些火箭科学家开玩笑，"这是火星的诅咒。"因为在过去的半个世纪，我们派去的 37 艘飞船中只有不足一半成功完成了任务。在第一批海盗号飞船的发射中，21 艘飞船只有 6 艘成功到达了火星。1976 年 6 月 19 日，海盗一号飞船成功进入了火星轨道。试图避开诅咒的下一个挑战是——在火星的表面上着陆。

第一艘海盗登陆器原定于独立日在火星表面着陆，但在拟定的着陆区域未发现安全的着陆点。在波多黎各，直径 1 000 英尺的阿雷西沃望远镜正在扫描火星的表面，并显示原定的着陆点散落着乱七八糟的岩石。后来，阿雷西沃望远镜成为了好莱坞电影《超时空接触》的背景（根据卡尔·萨根的畅销书改编）。最终，登陆器在 7 月 20 日降落在火星的黄金平原上。19 分钟后，它发出的信号到达了地球。现在，一切都过去了。

如果海盗号飞船的导航团队已做好了准备，那么，他们一定想到了寻找生命迹象的任务。在任务设计的过程中，寻找生命的研究方案曾被仔细筛选和论证，最后的方案要消除假阳性实验结果的可能性。研究人员都充分认识到了这项任务的重要性，因为这些实验有可能彻底改变我们对自身的认识。在火星上找到生命，我们对生命的看法将会立刻且永远地改变。

海盗号飞船的导航团队与4名美国航天局任命的专家组成了审查委员会，大家一致认为该实验将取得成功。如果实验结果显示为阳性，就将备份的火星土壤样品加热到160摄氏度——该温度可杀死一切微生物，之后再进行测试。如果此后的测试结果呈阴性，研究人员就能肯定地假设他们发现了生命，而不是化学物质。

只有当吉尔·列文的实验达到了公认的标准，研究者们才会改变他们的想法。

从表面上看，列文的成就非同一般。在城市的污水中检测生命是一回事，但在2亿英里外的一颗行星上利用科学机器人检测微生物又是另一回事。事实上，自列文的放射性"标定释放"实验发明16年以来，几乎没有发生过错误。

该实验用放射性碳元素"标记"代谢释放的气体，并由此而得名。为了培养微生物，需要将多种营养物质放入培养皿中的培养基。微生物以此为食并繁殖。列文以一种非常简单的方式调整了这个做法，在营养物质中添加了放射性同位素。微生物不断进行着新陈代谢，这意味着它们释放的气体来自于它们摄入的食物。如果他们一直在摄取放射性碳，那么，放于气体之上的盖革计数器就应该疯狂计数。这个想法很简单：将放射性营养物质添加到含有微生物的土壤样品中，并观察探测器数据图形的上升。如果记录到了放射性的增加，就将土壤样品加热到160摄氏度杀死微生物，此后再重复实验。此时，无论你添加任何的放射性营养物质，都不会产生放射性气体。在地球，该实验用于发现可疑水体中的微生物，并利用加利福尼亚的土壤通过了测试。现在，它被运用于火星。

1976年7月30日，列文看到火星土壤显示的结果与加利福尼亚土壤的一样。一天前，海盗号上的机器臂将火星泥土舀到一个箱子里，箱子被划分成了四个小室。每个小室都装有半立方厘米的土壤，然后被完全密封。在接下来的24小时内，放射性探测器一直监测着土壤上方空气的背景辐射。结果显示为一条平坦的线条。

然后，营养物质被加入了小室。这是一种微生物的完美午餐——带有少量放射性碳-14的附加物。15个小时后，平坦的线条向上升起，放射性气体充满了检测微生物的小室。首先，科学家小组被与地球上相似的数据震惊，虽然他们已在地球测试中看到过数百次这样的结果。然后，他们从震惊中恢复过来，举行了一场派对。列文出去买了一些香槟，他甚至给自己买了一支雪茄。他们打印了图表，团队中的每人都在上面签名。当时，最受欢迎的节目是《西城故事》，列文在图表封面的顶部写下了该节目中一首歌曲的标题——《今晚!》。

列文成了太阳系中最幸福的人，但他的喜悦并未持续太长时间。"标定释放"实验结果已达到了美国国家航空航天局认同的四个标准，这标志着火星上有生命存在。然而，就在此时，另一个实验结果出现了。它（"气体交换"实验）的结果表明，火星上不可能有生命存在。

两艘海盗号登陆器携带着装置进行了四次实验。"热解释放"实验似乎给出了一个阳性结果。在为期5天的测试中，作为生物学基础的有机分子从收集的火星土壤中产生。科学家们猜测，这是某种藻类产生的可能性较大。

"气体交换"实验给出了否定结论。它混合了一种科学家制备的鸡汤——一种营养肉汤与火星土壤的混合物。研究人员分析释放的气体后得出结论，火星土壤中没有任何生物繁殖迹象。

吉尔·列文的标记释放实验得出了存在微生物活性的阳性结果。从某种意义上说，原本第四个实验——气相色谱质谱仪能测试土壤中的有机物，检测是否存在碳基化合物。然而，遗憾的是，气相色谱质谱仪不能正常工作。

气相色谱质谱仪的工作原理是——如果火星存在生物体，土壤中一定会有散落着的腐烂的尸体（包含着有机碳分子的集合体）。从火星上取出土壤样本，烘烤并分析释放的气体——如有碳存在，实验将检测到挥发性碳基化学物质的存在。

不幸的是，实验出现了问题。当海盗一号正向着火星巡航时，测试表明，属于气相色谱质谱仪的三个烤箱坏了一个——这些烤箱用于加热土壤样品以使它们释放气体。事实上，在火星上已成功装入土壤样本的第二个烤箱也失灵了。三个烤箱，两个不能工作。在此之前，列文的实验已经开始。列文的实验成功后，还需依靠气相色谱质谱仪的结果作验证。

气相色谱质谱仪总共进行了 4 次实验。海盗 2 号试图在海盗 1 号相同的着陆地点降落，至少也在烤箱内完成样本检测。但在 4 次检测中均未发现有机物存在的痕迹。研究小组负责人解释，没有任何有机物的存在，意味着没有生命的迹象。

天真地说，在火星上不存在有机物不可想象。毕竟，即使是没有生命的月亮，也会散落着陨石撞击留下的碳。海盗号项目负责人提出的解释是，火星表面散落着某些有机化合物。他们认为，这对列文实验有同样作用，可以解释其实验的"阳性"信号。主要嫌犯是过氧化氢。

问题在于，虽然人们搜索了火星的大气和表面，但从未发现过氧化氢。列文强调，更重要的是，过氧化氢在温度超过 160 摄氏度时仍保持稳定。如果土壤中的过氧化氢破坏了营养物质，并释放出放射性气体，那么即使我们将土壤样品烘烤后它仍能继续发挥同样作用。

关于过氧化氢的争论与气相色谱质谱仪检测到的阴性实验结果相符。30 年过去了，这个争论仍然在持续。

冒着蹚浑水的风险，列文和他的同事帕特·斯特拉特（Pat Straat）设计了另一个实验，用在新的海盗号着陆器。然而，该实验却给出了一个令人费解的结果。

化学反应过程可以解释气相色谱质谱仪的阴性结果，这一想法在研究团队中达成了共识。普遍的想法是，来自太阳的紫外线会在土壤中产生过氧化氢，然后破坏所有有机物质。所以，列文和斯特拉特要求控制采样臂移开一块岩石，并挖掘岩石下面的土壤（较深的），因为这样或许能屏蔽过氧化氢。在标记释放实验中，由此得到的样品产生了另一个阳性结果，在关于过氧化氢的争论中取得了进展。然而，它也表明，缺乏光线并不影响火星微生物的存在，这些微生物可以在岩石下悠然地生活。

在第 36 个火星日，该团队将火星土壤样本放入标记释放实验室。放入营养物质时，土壤中的某些物质发生了反应，就像前面的实验一样，释放出了放射性气体。然后，这个小室被覆盖，并放置了 7 天。

在黑暗中放置了 7 天后，实验团队在小室中放入了更多的营养物质。在地球上，每次用含微生物的土壤样本进行测试，盖革计数器的记录结果都会有所增加。微生物摄入了第二次添加的营养物质，在火星上，却什么也没发生。

正如我们已经注意到的，从好的方面看，这一结果再次证明，并非化合物（比如，过氧化氢）导致加入的营养物质释放出放射性气体——因为，长期缺乏光线不会影响化学过程。

反对火星存在生命最强烈的论据之一是，火星环境严酷：低温、空气稀薄、缺乏液态水，皆不利于生命繁衍。列文对此反驳，地球上许多地方也存在极端微生物。微生物被发现在一些地球上最不适于居住的地方蓬勃生长——在南极冰冻的废弃物中；在深海喷泉猛烈和滚烫的水中；在火山岩石中；在放射性废物中。上述地点存在生命，看上去非常不可想象，但生命的确存在。因此，在海盗号执行火星探险任务时，发现火星土壤中可能存在生命应该具有合理性。鉴于地球极端微生物生命的韧性，认为微生物在黑暗中放置 7 天就会死亡的观点则不那么合理了。新的海盗号着陆器的实验显示，微生物在岩石下茁壮成长。

一个可能的解释是——从正常的、暴露在外的土壤中提取的样品中含有的微生物，需要光照才能存活；但在岩石下生存的微生物不需要光照也能存活。事实上,这种解释引起了更大的争议,人们对此更加难以理解。

无论交错复杂的事实真相究竟如何,重要的证据表明,火星上不存在生命。过氧化氢的争论和气相色谱质谱仪检测结果都是阴性的——由此,研究小组负责任地认为,他们没能在火星上发现生命。

列文至今仍然记得,自己坐在第一次新闻发布会上宣布海盗号实验结果感到的震撼。当团队负责人哈罗德·克莱因(Harold Klein)宣布官方声明时,吉姆·马丁(Jim Martin)正坐在列文的旁边,晃动着他们的座椅。克莱因宣布,"海盗号飞船在火星上未发现生命存在的证据。"

"当克莱因宣布官方声明时,"列文回忆,"吉姆·马丁戳了戳我的肋骨,并说:'天哪,吉尔,你会站起来告诉他们,你发现了生命吗?'"

列文并未站起,他认为自己的地位相对较低,因此表现得保守。他不希望与研究小组中的任何人脱节。这种沉默,他保持了10年。他花了3年时间试图为自己的结果寻找替代解释。正是那段时间,他和约翰·米兰·小拉沃伊(John Milan Lavoie)取得了联系。

拉沃伊是一名麻省理工学院的研究生,曾在海盗号气相色谱质谱仪上进行过多次测试。对气相色谱质谱仪研究结果被用于平息对火星生命的猜测,他感到尴尬。根据拉沃伊的说法,对仪器的读数一定要保持谨慎。

拉沃伊告诉列文,麻省理工学院制造的仪器在发射之前曾有过多次失败经历。该仪器曾被用于检测南极土壤样品,但未检出任何有机化合物。这一消息引起了列文的特别注意,因为在执行南极任务之前,所有海盗号飞船的各种实验样本皆为该仪器检测。而后,列文测试了其中一个样本——南极土壤726号——其标记释放实验记录发现,样本上方的空气中放射性碳的含量显著升高。这就是说,南极土壤726号中似乎含有生命。

几年后,气相色谱质谱仪项目的一名工程师接近列文,并告诉了他一个类似于拉沃伊的说法。亚瑟·拉弗尔(Arthur Lafleur)曾被邀请加入到列文的项目，以帮助任务在最后期限前完成。他发表了由他们共同署名文章，报道了火星上的阴性结果。他说，"这台机器实际上并没有敏感到能反驳列文的结果。"

2000年，列文和拉弗尔共同发表了一篇论文，第一次揭示了气相色谱质谱仪的一些异常预实验结果。该仪器检测样品中有机化合物的结果缺乏重复性——每克南极土壤含有1万个有机物，但气相色谱质谱仪并不能始终发现有机化合物。事实上，每克火星土壤或许包含了超过1 000万个有机体。简言之，列文他们认为，"气相色谱质谱仪不能满足该任务的要求。"

具有讽刺意味的是，这并非一个有争议的主张。1996年，在美国国家航空航天局的新闻发布会上，副局长卫斯理·亨特里斯（Wesley Huntress）也曾这样说过。新闻发布会宣布，"可能在火星陨石ALH84001中发现了生命特征（该问题目前尚未解决）。该岩石在13 000年前到达地球，并于1994年12月在南极的艾伦山被发现。美国国家航空航天局的科学家发现，其中似乎存在微生物化石。"

一位记者问了一个显而易见的问题，"美国航空航天局已经改变说法了吗？如果该岩石证明火星上有生命，那么，海盗号气相色谱质谱仪的结果为何指向没有有机物质？"亨特里斯说，"这很容易解释。第一，该岩石是火星过去存在生命的暗示，不能说明现在也有生命；第二，海盗号飞船为了在一个安全的地方着陆而选择了沙漠，这大大降低了在火星上找到有机物质的可能性。"亨特里斯继续补充，"第三，气相色谱质谱仪的灵敏度不够，其结果很难做到绝对准确"。

2006年，关于气相色谱质谱仪实验的问题被盖棺定论。美国国家航空航天局火星专家克里斯·麦克凯（Chris McKay）等12名研究人员组成的研究小组在《美国国家科学院学报》上发表了一篇相关论文。该论文得出结论，"气相色谱质谱仪实验的灵敏度比最初人们的预想低了几个数量级。"论文指出："有关海盗号登陆器进行的有机分析实验，并不能确定地回答火星表面是否存在有机化合物。"

在海盗号探险 10 周年的庆祝派对上,吉尔·列文站了出来,谈论了标记释放实验可能产生假阳性的所有可能原因。他列出了约 15 个理由,并逐一推翻。在讲话结束时,他告诉观众,海盗号飞船很可能已发现了生命。支持者并不多——列文形容当时的情况"接近一片哗然"。此后的第 30 周年庆典,他未接到邀请。

那么,列文如何将现状继续推进?列文很谨慎,他原本可以很容易地要求重新开展他的实验,但他还未做好准备。对于火星上是否存在生命的问题,他主张采取谨慎的态度。正如他的一贯行为,他发明的研究方法在火星上发现了生命的证据,但他并未对其他解释视而不见。即使其他科学家提出的新观点或证据支持他的海盗号研究成果,列文的态度也保守得令人惊讶。

例如,美国南加利福尼亚大学洛杉矶分校的细胞生物学家乔·米勒(Joe Miller)说,自己从海盗号的标记释放实验数据中发现了昼夜节律。米勒认为,"微生物在摄入添加的放射性食物时,体现了某种具有循环特征的新陈代谢现象。"气体释放速度不是恒定的,而是按照火星日的长度(每天 24.66 小时)循环变化的。在地球上,这种新陈代谢排放的节律司空见惯。该发现似乎排除了过氧化氢等非有机物的因素引起气体的释放。2002 年,米勒宣布,他个人认为,海盗号有超过 90% 的可能性在火星上发现了生命。

然而,列文对米勒的分析依然持谨慎态度。他从华盛顿大学聘请了一位数学教授再次对数据作了重新审视,"我们认为,它看起来不是阳性结果"。

列文知道自己将如何解决这个问题:他重新设计了标记释放实验,在原料中添加手性分子。葡萄糖等一些特定的分子具有两种不同的构象——就像左手和右手,看起来相似却不完全一样。手性分子有微妙的差异性。虽然它们的化学性质没有区别,但陆地生物体只能代谢这些手性分子中的一种。在新的标记释放实验中,采用手性分子作为探针标记释放出来的气体,可以发现是否有生命参与了气体排放——如果释放的气体中手性分子含量差异巨大，可以得知是生物产生的气体，而非化学原因产生。

其他一些科学家也热衷于这个想法：卫斯理·亨特里斯对此表达了浓厚兴趣。美国国家航空航天局殖民火星计划的领导人克里斯·麦克凯提议，在未来的任务中开展此实验。但列文对此实验非常谨慎，他指出，"这个想法并非没有缺陷。例如，我们不知道火星生命是否具有手性偏好。不排除以下这种可能，火星上，两种手性分子均参与了火星生命的新陈代谢"。

迄今为止，我们所拥有的只是30年前在2亿英里外的外星世界得到的实验结果。

对一些人来说，海盗号飞船的任务完全翻页了，没有任何理由再作进一步的讨论。现在，亨特里斯仍然担任华盛顿特区卡内基研究所地球物理实验室主任，他十分尊重列文。他说，"问题的关键是，自1976年以来，天体生物学已发生了变化。任何关于海盗号实验结果的讨论都变得没有意义。因为我们正在努力地重新界定什么才是生命，以及它繁殖或生存的条件——尤其是在人们新发现极端嗜热细菌之后"。

罗伯特·哈森（Robert Hazen）是生命进化领域的专家，他的办公地点在亨特里斯的楼上。他提出了一个类似观点："大家都认为，在火星上寻找生命不是一个好主意，生命领域的专家不再参与其中。在参与海盗号飞船的研究之后，生物学家们纷纷离开了这个研究领域。"

这个空缺开始由地质学家和大气科学家填补。自海盗号任务以来，美国国家航空航天局做的所有工作皆转向为检测生命存在条件——至少是我们已知的生命存在条件。我们不是在寻找生命，而是沉迷于探索火星表面的组成，观察岩石以及火星过去或现在是否有水的存在。在你浏览美国国家航空航天局的火星任务清单时，会发现，历史上，生物学家们曾有一次机会通过海盗号发现生命，但他们失败了。目前，这些任务成为了其他学科保留的研究项目。在海盗号任务前后，人们一直关注的都是岩石和天气。

火星观察者号于 1992 年发射,然而,它在进入火星轨道之前就失去了联系。该飞船被设计用于观测火星的地质学、地质物理学和气候情况。

1996 年,探路者拍摄了火星的照片,记录了那里的天气情况,并开展了火星的岩石和土壤化学分析。

火星气候轨道探测船在 1999 年 9 月 23 日到达火星但失去了联系,它旨在作为行星际探测器发挥作用。

火星极地登陆者在 1999 年 12 月 3 日到达火星后也失去了联系,其设计目的是在火星上挖掘水源。

火星全球探勘者号一直在监测火星的表面、大气和天气,从 1997 年 9 月以来一直探测着火星内部的组成情况。

2004 年,美国国家航空航天局的"机器人地质学家"给人们带来了振奋和机遇。火星奥德赛太空船继续向我们发送了有关火星的地质、气候和矿物学信息。火星快车号卫星现在正在火星轨道上寻找地下水。火星侦察轨道号卫星提供了"一个令人叹为观止的、详细的火星地质结构图"。在本文撰写时,凤凰号飞船正在前往火星的路上,它将继续寻找水冰和有机分子。

在火星上寻找生命犹如在雷达屏幕上寻找光点,通常只有偶然的一次机会。在采取了几乎所有的合理措施之后,我们发现过生命,但信号再未出现。虽然鲜有人怀疑,火星曾经存在过生命,甚至许多专家认为火星今天也有较大可能存在生命。然而,借用卡尔·萨根的说法,"实际上,我们发现火星生物的可能性非常小。"卡尔·萨根的这个结论代表了科学界的共识。因此,地质学家可以控制火星机器人四处行走,探索火星岩石,寻找液态水,却不愿下结论。没有人愿意遇到像列文那样的遭遇,没有人愿意。

如果这不算丑闻,至少是一种耻辱。这种压倒一切的谨慎,这种过分小心的寻找地外生命的方法,正在推迟人类发现外星生命的荣耀时刻。皮特·沃德(Peter Ward)是西雅图华盛顿大学的生物学、地球和空间科学、天文学教授，他撰写了一本关于美国国家航空航天局试图寻找（并创造）生命的奇妙书籍。在谈到我们不了解的地外生命时，沃德明确指出了发现外星生命的重要性。他说："发现外星生命非常有价值。为什么我们不去寻找地外生命，而是裹足不前？除了缺乏预算以及列文受到的不公平对待，没有其他的任何理由。"一旦发现了地外微生物的迹象，我们就会停止寻找更多生命的探索？显然不会！事实上，一旦我们发现了地外生命，一条更重要的探索之路才刚刚开启。

据英国天文学家，皇家学会主席马丁·里斯称，"未来50年人类探索的主要挑战，不是物理学，不是陆生生物学，而是寻求证据，证明外星智慧生命是否存在。"里斯在一本书中发表了此声明，该书列出了25位杰出科学家的观点，即此后的50年哪些是科学最重要的研究领域。在一些其他场所，里斯也说，如果他是一位向国会作证的美国科学家，那么，相比"为寻常的太空项目或粒子加速器寻求资金"，他更愿意为SETI项目（寻找外星智慧项目）寻求数百万的美元经费。作为英国最著名的科学家和国际天文学界的巨擘，里斯认为这真的非常重要。

新泽西州普林斯顿高级研究所的皮特·赫特（Piet Hut）提出了一个"1赔1"赔率的赌注，赌注为未来50年内发现外星人。赫特认为这是一个合理的赌注，因为我们已经知道，只要有生命存在，智慧生命一定会接踵而来。2003年，剑桥大学古生物学家西蒙·康威·莫里斯（Simon Conway Morris）出版了《生命的解决方案》一书。该书中，莫里斯认为，"为了在现有的栖息地生存，生命必须多样化并逐步解决其面临的问题。生命的解决方法会受物理定律的制约，因此虽然在表面上有无数的解决办法，但实际上的解决办法非常有限。这意味着，无论生命在宇宙的何处繁衍，形式都将大致相同。它们所涉及的化学物质可能会不同，但其结构和机制必将汇聚为有限的可能性。"康威·莫里斯认为，"假以时日，这种汇聚总会进化为智慧生命，因为智能是最好的生存能力之一。"

康威·莫里斯指出,认为遥远世界的智慧生命能相互沟通并最终形成外星文明的想法具有可信度。事实上,只要我们发现了任何一点外星生命存在的迹象,皮特·赫特就可能赢得了赌注。

7 哇！信号

外星人已联系上了吗？

科学有一条黄金法则，奥卡姆剃须刀，该法则可帮助研究人员区分现象的可能解释。在多种选择中，你总会选择最简单且直接的选择。如果我们将奥卡姆剃须刀应用于1977年8月俄亥俄州立大学的"大耳朵"望远镜收到的信号，我们可以得出结论，"这是来自外星文明的信号。"为什么？因为这正是我们要寻找的东西。

1959年9月，《自然》杂志发表了关于蜜蜂成群离巢的电脑预测文章和X射线导致红细胞新陈代谢改变的文章。此后，第一篇关于分析外星通讯可能特征的科学文章也发表在《自然》杂志上。该文由纽约康奈尔大学的两位物理学家朱塞佩·科科尼（Giuseppe Cocconi）和菲利普·莫里森（Philip Morrison）撰写。科科尼的背景并不出色，而莫里森的背景更有意思。他在J. 罗伯特·奥本海默的指导下获得了博士学位，并在洛斯阿拉莫斯的曼哈顿计划中担任重要职位。他曾前往西太平洋的提尼安岛，参与了摧毁长崎原子弹的组装工作。在对这种毁灭性的研究做了长时间的工作后，莫里森成为了核不扩散原则的坚定捍卫者。他支持SETI项目，寻找外星智慧生命。

莫里森和科科尼在《自然》杂志上发表的论文指出，任何想吸引另一个智能文明关注的智能生物都会使用无线电频率的电磁波。因为它相对便宜且易于生产，只需输入一个很小的功率就能实现远距离传输。当选择一个传输频率时，智能生物会选择一些在宇宙中通用的频率。莫里森和科科尼猜测，一个外星文明最好的选择是使用宇宙中最常见元素

"氢"的相关特性。任何能交流的智能生物都可以研究并发现氢原子的辐射频率为1 420兆赫兹，这将是一个在宇宙中任何地方都会产生特殊共鸣的数字。

外星人发出的信号会以1 420兆赫兹传输，且尽可能地仅发出1 420兆赫兹的信号。发送一个由很多频率组成的信号需要耗费大量的能量，任何想在固定功率条件下获得最大传输距离的信号，都将使用窄频率范围——"窄带"信号。这还有一个额外的好处，没有自然现象会发射窄带射频辐射。因此，此类信号会使任何智能生物竖起耳朵倾听。

1977年8月15日，一个完全符合莫里森和科科尼观点的信号在俄亥俄州的特拉华被接收到。

在电影《超时空接触》中，朱迪·福斯特（Jodie Foster）从太空获得信号，然后，情况开始变得混乱，美国国家安全局试图接管这个项目。美国总统也接到了简报，他的顾问乘黑色的军用直升机降落到现场。

事实上，大耳朵号望远镜并未发生过那样的事。美国东部夏令时下午11点16分，该信号被大耳朵两个接收器中的第一个接收到。到达的电磁波引起了记录仪导线中电流的强弱变化，该信号被望远镜的计算机记录了下来。此后，望远镜继续记录来自天空的其他信号——除了噪声外，别无所获。3分钟过去了，随着地球转动，望远镜的第二个接收器对准天空的同一点时，信号消失了。

巧合的是，几个小时后（这应该着重指出），猫王埃尔维斯·普里斯利（Elvis Presley）去世了。此后的3天，有2万多人在格雷斯兰的埃尔维斯开放式棺材旁走过。技术人员赶到大耳朵望远镜那儿，关闭计算机，打印数据并清理硬盘。他每隔几天就来一次。在1977年，当时的硬盘只能保存1兆字节。对于这个长期项目来说，永久数据存储将是一个不合情理的奢侈想法。在回到哥伦布的途中，技术人员在杰瑞·埃曼（Jerry Ehman）的家中将记录打印出来。

埃曼是探索外星人信号的最佳人选，他更是一个传奇。其他人也会发现这个信号并以典型的谦逊态度指出，但或许没人会有那种天真和热情，在打印记录的边缘写下充满激情的"哇！"其他人可能只是用星号或箭头标记打印结果。杰瑞·埃曼写下的惊叹，确切地抓住了这一时刻的深刻性。

"哇！"是发现外星信号重要性的一个很好总结。如果你和天文学家们私下交谈，几乎所有人都会告诉你，这是最重要的事情。我们正投入巨大的精力研究生命的起源，生命如何在地球上繁衍，因为它对我们的重要性。这也许是我们需要面对的最深刻的问题。实际上，归结起来：我们是特别的吗？最好的总结是科幻小说作家阿瑟·C.克拉克（Arthur C. Clarke）说的："有时，我觉得我们在宇宙中是孤独的；有时，我又认为，我们不是。"他继续说，"无论在哪种情况下，这种想法都是惊人的。"

克拉克是对的。如果我们是孤独的（地外有生命），那非同寻常；如果我们不孤独，那或许更好（地外有智慧生命）。如果我们发现，在众多有生命的星球上，我们只是众多生命形式之一，那么，我们对人类乃至生命会有一个全新的视角（有生命）。如果我们发现，地球之外的某些生物具有智慧，那么，人类从未经历的全新景象将显现在我们面前，我们可能会首次与另一种智慧生命进行有意义的交流（有智慧生命）。

这就是我们寻找地外生命的根本原因，或者更准确地说，寻找外星中适合生命存在的条件。正如我们已经看到的，火星漫游者寻找的并不是生命，而是生命存在过的痕迹，因为火星存在或曾经存在过液态水。不仅火星如此，惠更斯探测器在土星巨大的卫星泰坦上，同样也寻找到了水的痕迹。人们还分析了木星的卫星欧罗巴的情况，并宣布它为潜在的生命庇护所。今天，人们刚开始在太阳系内的行星和卫星中寻找生命痕迹。事实上，生命可能遍布于整个宇宙。

我们生活在"寻找太阳系外行星取得了非凡进展"的时代。1988年，人们才发现第一个太阳系外行星；但到了2007年8月，人们已确认了249个。有几种方法可以做到这点。其一，由于行星的质量拉动了恒星，因此能通过恒星的轨道异常确认。其二，你可以观察星光，看它是否已被极化，也许你会看到一个"透镜效应"，行星的引力场扭曲了它周围的空间，从而改变了星光的路径。最后是"凌日法"，行星通过恒星前方时，会导致恒星的亮度稍微变暗。

上述只是技术中的一小部分，还有更多的方法也都取得了成果。事实上，如果你想制造新闻，只发现一颗太阳系外行星是不够的。现在，只有在恒星的可居住区发现了一颗行星，才能上新闻的首页。

与宇宙可居住区的想法一样，这个名字来源是有条件的：在可居住区，温度既不能太热也不能太冷，在这个区域的星球表面恰好有液态水的稳定存在。到目前为止，我们只发现了几颗行星在恒星的可居住区内运行。例如，2006年5月，科学家宣布，他们已发现了3颗行星，每颗行星的质量都相当于海王星大小。这些行星在距离地球41光年远的地方围绕着1颗恒星运行，最外层的1颗行星位于可居住区区域。此后，研究人员宣布发现，在天秤座星座中，行星Gliese581c环绕着1颗恒星旋转，该行星也位于其恒星的可居住区。

尽管我们在寻找合适的太阳系外行星方面取得了很大的进展，但在探测外星生物方面还存在问题，这些行星实在太遥远。虽然我们可以从行星表面或大气层的辐射谱中发现生命存在的可能痕迹，或至少是适合生命存在的条件，但我们没有办法继续深入。如果这些行星的表面存在着休眠的生命形式，我们永远也不会知道。如果我们的技术能力没有一些飞跃式的发展，那么，我们就没法将探测器或宇航员送到太阳系外的行星上。我们真正需要的，是让这些智能生物与我们取得联系，这从未发生过。然而，"哇!"信号成为了最诱人的可能性——实际上，也是唯一的可能性。

当杰瑞·埃曼读到大耳朵望远镜的打印结果时，他正坐在自家的厨房，三天的数据放在了他的面前。

在打印结果中，信号以"6EQUJ5"的形式出现。这些字母和数字用于衡量接收到的电磁信号强度——低功耗记录范围为 0 到 9；随着功率的提高，计算机使用字母表示，A 代表 10，B 代表 11……6EQUJ5 是一个信号标签，它表示信号强度稳定增长达到高峰，然后下降。其中，U 是该望远镜能检测到的最高功率信号。信号的频率范围也令人惊讶：小于 10 千赫兹（kHz）。这仅是常规传输频率的百万分之一左右。根据人们的定义，这是一个 1 420 兆赫兹的窄带信号。埃曼知道莫里森和科科尼曾提出的外星人信号的可能形状，这个信号正好合适。

6EQUJ5 信号很快在打印输出结果中出现了——埃曼用了"哇！"这个标记，并继续打印结果的其余部分，看看是否会再次出现惊喜时刻。然而，没有了。

其实，这已经能说明问题了。在收到"哇！"信号的 18 年前，甚至在 SETI 被构想之前，两个物理学家已预测了与外星人交流最有可能的样子。当时，他们的预测像埃曼收到的信号那样不可思议。如果你认为应通过理论预测来推动科学进步，并通过观测作确认，那么，关于外星人的假设就是稳操胜券。

外星人到底藏在哪儿？该信号来自天空中的一个点。埃曼和他的老板罗伯特·迪克森（Robert Dixon）立即识别出了这个信号，并查看了星图，寻思着它来自哪个天体的发射。信号来自射手座——该星座的形状就像一个茶壶。准确地说，信号来自球状星团 M55 的西北方（即茶壶柄的东边）。但是，看上去，那里什么都没有。

尽管信号的形状看起来不像偶然事件造成，但研究人员仍然排查了卫星或航天器，包括飞机可能发出的信号以及地面的干扰信号。它们都可能创造出像"哇！"那样的信号。结果是，没有任何人造物体能做到这点，该信号的频率为全球政府一致禁止使用的频率。

此后的 30 年，人们未发现类似信号且未能找到任何具有价值的新发现。大耳朵望远镜研究人员再未见过像"哇！"那样的信号。他们找了上百次，一无所获。所有后来的打印输出都是平淡无奇的数字。我们感兴趣的、来自宇宙深处的信号仍不见踪影。我们对外星智慧的大多数搜索工作都显得漫长、无望且平淡。偶尔，我们也能从望远镜中发现一些有趣的东西，但最后总能证实，它们都是卫星或航天器上的反射产生的虚假信号，或者是来自某些宇宙岩石的干扰。

尽管很多人有过尝试，但从未有人对信号"哇！"提出过合理的解释。大耳朵望远镜的研究人员分析了各种可能性：卫星传输信号，地面的无线电发射器发出的谐波频率从空间碎片发射回的信号，飞机信号，地面电视或无线电信号，以及他们可以想到的任何其他信号。然而，一切都不能解释观察到的信号特征。当我第一次与埃曼联系时，他告诉我，他仍在等待一个有意义的明确解释。这并非表示，埃曼认为它来源于外星人，他不喜欢轻易相信任何事情。只是，这或许是唯一能令人满意的解释——如果与外星人的一次性接触可以归类为令人满意的事情。

事实上，正是这点，这个信号的奇异性也是它的致命弱点。在《超时空接触》中，朱迪·福斯特记录了数小时、数天甚至数周的外星信号，大耳朵望远镜只收到过 1 个，第二个接收器即使是在 3 分钟后观测天空中的同一点，也未能找到任何发现。

显然，这个信号易于遭到人们的忽视。电子设备产生的震动，或者是望远镜的氮气冷却系统中爆炸的气泡，或者是……其他一些什么。如果这是外星人的行为，他、她或者它为何没有长时间发出信号——通常，任何故意的信号传播都应持续超过 3 分钟。

这个理论的问题在于，没有合理的理由解释假设。糟糕的是，任何寻找外星智慧的人都有普遍认知，智能生物能非常可靠地将某个信号发送至太空，而不是昙花一现。人人都知道这个事实，因为我们已经做到了。

1974 年，美国国家航空航天局利用阿雷西博望远镜向 M13 星系发出了一个信息——这个恒星云集的星系似乎是距离我们最近的外星系的最好选择。这条信息是二进制的数字流，如果你将它们正确地组合起来，会展示出一张像雅达利公司的游戏"Pong"那样简陋的图片，它显示了 DNA 双螺旋和我们的太阳系。在 21 000 年后，M13 星系中的智慧生命才能收到该信息——他们可能会据此得出结论，外星系存在智慧生命。他们甚至能确定该信号的来源地。对 M13 上的文明而言，接收到该信号可能会成为一个重大事件——因为，他们与智能外星人有了第一次接触。然而，如果他们与我们一样，M13 星系中最聪明的怀疑者会自鸣得意地指出：无论这些信号制作得再好，你也不能从一个信号中得出明确的结论。正如任何智能文明都知道的那样，从统计学上看，一个样本毫无用处。如果外星人真想与外界取得联系，至少会发出两个信号。

目前，没有办法让"哇！"信号具有意义，因为没有办法满足另一条科学的黄金法则：重复观察。今天，没有公共资金继续支持外星人搜索——也没有了大耳朵望远镜。1988 年，大耳朵望远镜被拆除，为修建豪华高尔夫球场让路。1982 年 12 月 28 日，大耳朵望远镜的设计师约翰·克劳斯（John Kraus）从俄亥俄卫斯理大学了解到，放置他心爱的望远镜的土地已被卖掉，他将其称为"糟糕的一天"。"俄亥俄卫斯理大学出卖了我的信任，卖掉了放置大耳朵望远镜的土地。"克劳斯在 2004 年 4 月写道，"如果大耳朵望远镜未被拆毁，说不定能找到其他发现和测量结果！"事实上，俄亥俄卫斯理大学和俄亥俄州立大学在拆除望远镜上达成了绅士协议，因为大耳朵望远镜是由两个大学的教员共同建造的。当地报纸引起轩然大波，俄亥俄卫斯理大学总裁不久后被迫辞职。天文学家们聚集在一起，给开发商支付了 4 倍土地价值的费用。最终，抗议和努力未起到任何作用。

金钱、贪婪和野心不断挫败人类对外星智慧的探索。不知何故，这个研究似乎比其他学科更易受到攻击。也许是因为，探索外星智慧是一个长期的研究，比那些便宜的研究更加脆弱。

在接收到"哇！"信号之后的 6 个月，这个第一次真正可以与 SETI 抗衡的廉价项目遭到了终止。参议员威廉·普罗克米尔（William Proxmire）正为他设立的臭名昭著的金羊毛奖寻找得主。他将奖项颁发给那些浪费纳税人钱财的政府资助项目。对普罗克米尔来说，这是一场伟大的公关活动，让选民在历经 10 年的艰难岁月后，知道他们到底在追寻什么。但这并不容易保持既定目标,该项目要求每月发表一次研究成果。

1978年2月,美国国家航空航天局计划"提议在未来7年内花费1 400万~2 500万美元,试图在外太空寻找智慧生命。"从科学的角度来说,这个想法是正确的。按照今天科学公关的时髦说法,"微波观测计划(MOP)"是个难听的名字,但它得到了主流科学家的支持,年度预算约150万美元。让微波接收器寻找来自外太空的异常信号,是个明智的努力。然而,普罗克米尔的关注使它变得危险。1982年,普罗克米尔提出了一项立法修正案,意图削减资助MOP的所有联邦资金并以此扼杀该计划。幸运的是,卡尔·萨根开展了救援。

萨根的影响力可以通过电视观众的人数衡量。1979年,他制作了《宇宙》系列节目——直到20世纪90年代,该节目仍是美国最受关注的公共节目。大约有6亿人观看了该节目并接受了萨根对宇宙的超凡魅力、鼓舞人心和令人惊叹的视角。1982年,在萨根与普罗克米尔会面时,他正处于自己影响力的巅峰。普罗克米尔听取了萨根支持SETI的论点,撤回了提案,甚至道了歉。接着,萨根进行了一场由他亲自主导的公关宣传活动,并得到了一些世界上最受尊敬的科学家签名的请愿书(包括7名诺贝尔奖得主)。萨根的行动巩固了搜索外星智慧在美国人心中的地位,使人们认为这是值得的,甚至是必要的科学研究。也因为如此,10年后的内华达州参议员理查德·布莱恩(Richard Bryan)在对SETI项目发难时,拒绝与负责SETI项目的天文学家见面。

1992年10月6日,《纽约时报》对美国新的外星探索计划的前景表示迷茫。

天文学家们超越哲学的沉思和科幻小说的幻想,正对宇宙中其他星球的智慧生命展开首次全面的高科技搜索。新搜索定于星期一象征性地开始,即哥伦布到达美国海岸的500周年纪念。

1年后,一篇标题为《外星人,不要联系我们;有一天,我们会联系你》的文章在麻木中表达了震惊。

7 哇！信号

美国国家航空航天局发布了一个为期 10 年的项目，计划扫描外星文明发射的无线电波。在 1993 年的哥伦布日到来之际，该计划遭到了取消，每个月用于维持其运行的 100 万美元预算也削减了。

作家乔治·约翰逊无法抗拒下面这个比喻。

> 就好像大航海家刚驶过加那利群岛，就被伊莎贝拉女王拽回了家中。女王转念一想，她宁愿留下她的珠宝。

SETI 的这场灾难是由布莱恩引起的。他提出了一项"深夜修正案"，以通过一项扼杀 SETI 资金的法案。为了支持他的修正案，布莱恩作了一个轻松的评论："在数百万美元已花费后，我们还得收拾一个小绿人。没有一个火星人说，带我去见你的领导；也没有一个飞碟获得了联邦航空管理局批准。"

这次，SETI 的捍卫者无能为力。SETI 原为私人资助，后得到了美国国家航空航天局的资助。现任 SETI 研究所所长是塞思·肖斯塔克（Seth Shostak）。他呼吁，要求与布莱恩参议员会面，但布莱恩拒绝了。布莱恩的修正案获得了通过，此后，政府资助的、回答地球上最大问题的努力结束了。SETI 之后未被恢复，《纽约时报》对这个短视行为感到惊讶，但他们不能改变什么。SETI 项目的政府资助结束了。

目前，SETI 的资金几乎全由硅谷的企业家提供。1993 年，当 SETI 失去资助时，惠普研发部门的负责人——也是世界上袖珍计算器的发明人巴尼·奥利弗（Barney Oliver）打了几个电话。奥利弗的真正的爱好不是技术，而是天文学，尤其是 SETI。他说服了比尔·休利特（Bill Hewlett）和戴维·帕卡德（David Packard）一起维持 SETI 项目的运行。

正是有休利特和帕卡德这样的企业家，出于大家都不理解的原因，让 SETI 项目一直到今天都保持着活力。资助允许 SETI 项目研究人员能购买一些望远镜，并能为他们支付一些薪水。但休利特和帕卡德现在均已去世。目前，奥利弗的另一个联系人，微软的联合创始人保罗·艾伦

(Paul Allen）提供了主要的资金来源。事实上，SETI研究所自建的望远镜艾伦望远镜阵列的建设正在拖延，因为艾伦认为他的资助应与政府资金相匹配。然而，没有任何政府资金的监管者愿为其建设提供任何资金。

政府资金负责人不愿资助寻找外星智慧项目的原因一目了然。杰瑞·埃曼承认，这就像在干草堆里寻找一根针——"你不知道干草堆在哪儿，更不知道是否有针的存在。"确实，对智能外星人的搜索依赖于大量的假设。相比之下，寻找太阳系外行星这样的事情能轻而易举地获得公共资金，虽然这也是一种冒险，但人们认为关于它的假设出现差错的概率较低。

今天，我们正以当下流行的方式搜寻宜居区域内的行星。当我们停下来思考"什么才是生命"以及"它能在什么条件下繁衍"时，我们那套传统的基于星球上存在液态水的判断标准似乎并一定如我们想象的那般可靠。

液态水不是生命存在和繁衍的必要条件，在某些情况下，它可能是死亡之吻。硫酸就具有一些生物学作用，例如，金星的大气就相当于电池中的成分构成的酸性气体云。科学家们推测，酸性水滴可能是生命存在的一个条件。前提是酸的周围不能有水的存在，一旦与水相遇，硫酸将具有腐蚀性。事实上，酸是腐蚀反应的催化剂。这种反应亦被称为水解，即水参与了蛋白质分子的分解。

类似地，工程师发现，一些用于工业化学的生物酶在己烷等碳氢化合物流体和水中都能发挥作用。生命甚至有可能在没有碳元素的情况下被建立；碳的同系元素硅可以作为支架构建生物分子。在地球上，水和碳非常丰富，而硅则被锁在地球的岩石外壳中，例如，沙子的主要成分就是硅。因此，陆地生活以碳和水为基础并不奇怪。然而，在其他世界，那些我们正努力寻找的遥远世界，可能会有一个睡魔正盯着我们——那些具有硅元素眼睛的生物生存的星球，很可能远离我们认为的宜居区。

7 哇！信号

如果将以沙子或硫酸为基础的生命加入考虑，那么，寻找其他生命栖息地的标准将被扩大，这也使 SETI 的工作变得更加坚实。与这些生命的沟通可能是我们未曾考虑过的事情。但正如 SETI 从未停止寻找太阳系外的具有生命的行星一样，这将使 SETI 变得更有意义。

已经有人作了这样的尝试。也许，最著名的是意大利物理学家恩里科·费米（Enrico Fermi）在 1950 年提出的一个观点："大家在哪里？"费米的观点认为，"在广阔的宇宙空间中，智慧生命具有几乎无限的发展可能性，只是我们尚未发现任何外星人或外星信号。"人们对费米悖论提出了许多答案，包括外星人可能不愿访问我们，不愿与我们交流，他们已生活在我们之中。最引人注目的解释是，我们并未真正在寻找或倾听。如果这种说法正确，意味着我们不知道怎么看或怎么听。

毫无疑问，我们真的知道外星信号的样子吗？莫里森和科科尼的想法似乎说得通，但也许太简单了。如果一个外星文明先进到足以定期向太空发射探测信号，它极有可能比我们更先进。对他们而言，我们的关于什么是好信号的想法在他们那里或许就像烟雾信号或信号灯那般初级。

我们最希望的是，外星人使用数学编码进行通信——素数，数字 π，或其他我们认为的通用密码。哈佛大学的一个项目是通过从光学望远镜收集的光谱，搜索来自深空的"始终在线"的激光光束。伯克利大学的一个项目正在寻找 2 500 颗附近恒星发射的激光脉冲，这些脉冲可能是由遥远的文明发射而来。包括艾伦望远镜阵列在内的大多数 SETI 项目正在启动和运行，这些项目都在寻找莫里森和科科尼提出的窄带无线电信号。然而，这些项目必将忍受长时间接收不到信号的折磨。想要重复观测这种信号，需要有足够的资金建造射电望远镜，才能解密信号中包含的信息。或者，这正是 SETI 研究机构希望看到的结果。

所有的"哇！"信号到哪儿去了？尚无定论。事实是，这个信号来自于一个空的空间区域，而不是已知的外星生命发育的候选地。这意味着，我们能给予的最好解释是：它是来自外星飞船的信号。可能只是一个外星文明在宇宙中迁徙时，其识别信标偶然或错误地向地球的方向发出的。但这样解释，会让我们迷失在科幻小说的领域。

SETI项目的官方网站使用"哇！"信号作标题。"除非发现者可以在实验室复制它，否则，你不会相信冷聚变。外星信号也是如此：只有当它们能被多次发现时，它们才具有可信度。"它表明，我们看问题不能只看表面现象，需要寻找更多的例子来证实。

我们正在寻找这些例子吗？不见得是。寻找外星人仅是为了满足人们的爱好。如果"哇！"信号像看起来那样，那么，它是一个典型的库恩式异常现象：接受这个观点，我们可以从根本上改变我们对宇宙的认识和我们自身在宇宙中的定位。就像当年哥白尼提出新观点那样，然而，它却被故意忽略了。

从好的一面说，我们仍有希望阐明生命的本质，以及我们在生命等级中的地位。如果马丁·里斯进展顺利，SETI项目能得到适度资助，我们将能探索更远的空间以寻找生命本质的线索。

现在，另一个陆生生物的异常或许对此有帮助。这种生物——如果它可以被称之为生物——将以前所未有的方式填补生命和非生命物质之间的差距，我们对其遗传密码的分析正在改写地球上生命的历史。

对于一个微小的病毒而言，这是一个了不起的成就。

8 巨型病毒
一个可以改写生命故事的怪胎

许多可怜人的故事吸引着游客前往约克郡布拉德福德地区。首先，该地区在过去的工业时代拥有大量黑暗和邪恶的磨坊。其次，事实上，一个臭名昭著的妓女连环杀手约克郡开膛手，也曾住在这里。勃朗特（Brontë）姐妹出生并住在附近，但她们的生命既短暂又痛苦。《呼啸山庄》出版1年后，作者艾米莉（Emily）死于肺结核。《简·爱》的作者夏洛蒂（Charlotte）在39岁时死于怀孕早期。2001年夏季，种族骚乱暴力事件让这座城市为人们熟知。

该城市对科学的发展做出了重要贡献。1992年，英国公共卫生实验室服务部门的微生物学家蒂莫西·罗波坦（Timothy Rowbotham）被认为在布拉德福德找到了严重的肺炎暴发的原因。为了开展研究工作，他在医院冷却塔底部的水中取了样本。他将样本带回实验室后，发现样本中含有阿米巴虫。这本身并不奇怪，但阿米巴虫感染了某种他无法识别的微生物。罗波坦将它命名为布拉德福德球菌——也许，这是一个独特的绰号。但罗波坦并不关心该微生物，他还有其他的事情要做。因此，他将不明身份的微生物置于冰冻状态，继续下一项工作。

11年后，我们了解到罗波坦发现了一种怪兽病毒。这是迄今为止科学界已知的最大的病毒。它个头很大，比引起普通感冒的鼻病毒大30倍。同时，它很难被杀死。大多数病毒都能被高温或强碱破坏，或者被超声波震碎——但它不会。然而，这可不是令科学家加大关注的原因，这种巨型病毒的最大影响不是全球的卫生保健系统，它可能见证了地球上的生命史。

我们认识病毒大约只有 100 年的历史。19 世纪末，俄罗斯的生物学家迪米特里·伊万诺夫斯基（Dimitri Ivanovski）接到任务，需要找出克里米亚烟草作物枯萎的原因。不管这种微生物是什么，它都能通过实验室技术人员用以清除细菌的陶瓷过滤器。1892 年，伊万诺夫斯基发表了一篇文章，描述了他发现的新型微生物病原体。1898 年，荷兰微生物学家马丁努斯·拜耶林克（Martinus Beijerinck）最终给病原体取了一个合适的名称：病毒（拉丁文意思是黏液或毒药）。

虽然两个欧洲人发现了病毒的踪迹，但得到更多认可的是位美国人。1946 年，美国人温德尔·梅雷迪思·斯坦利（Wendell Meredith Stanley）在分离出烟草花叶病毒后，获得了诺贝尔奖。有趣的是，斯坦利获得的是诺贝尔化学奖。虽然病毒影响了生命系统，但人们几乎总是将病毒研究归于化学领域而非生物领域。事实上，病毒被认为是恶毒、残忍、暴力、强大的机器。它们热衷于自我复制，但又无法自己实现这一目标。如果没有活着的寄主为它们制造蛋白质和能量，病毒将不复存在。它们的进化畸变，其存在需要破坏生命，就像电影《终结者》中残酷且不道德的机器人。病毒不是生命网络的一部分。

然而，这种传统观点有个问题，这个问题存在于马赛的冰柜。

目前，法国最古老的城市马赛是世界疾病研究中心。公元前 600 年，在腓尼基人建立马赛时，城市的海港成为了通往地中海、北非和西印度群岛的门户。同时，它也为瘟疫传播开辟了通道：第一批鼠疫于公元 543 年抵达马赛。

鼠疫杆菌是微生物拥有超强生存能力的另一个例子。鼠疫杆菌感染宿主跳蚤后，它们会大量繁殖并阻塞跳蚤胃的入口。不管跳蚤从宿主（通常是啮齿动物）身上吸取多少血液，也不会有吃饱的感觉。鉴于此，跳蚤会疯狂地进食。血液被细菌团阻挡，然后混合着细菌又被呕吐了回去，鼠疫杆菌继而感染了被跳蚤叮咬的宿主。此后，跳蚤会继续叮咬，不断重复这个过程。

8 巨型病毒

1346 年，一艘来自中东的船队将另一场瘟疫带入了马赛，最终导致欧洲 2 500 万人死亡。事实上，我们的记忆很短暂，我们的行为更多的是出于贪婪，而不是常识。1720 年，一艘船抵达了马赛，那时，人们已知船上有几个人患了鼠疫。虽然港口当局将该船置于隔离状态，但该市的商人仍然希望立即开展丝绸货物交易。他们向当局施加压力，要求立刻解除检疫令。此后，马赛大瘟疫开始了。2 年时间内，该市有 5 万人死亡——超过了当地人口的 50%。靠近该市的北部地区也有 5 万人死亡。了解了这些历史，马赛第二大学医学院的疾病研究人员为何能成为世界上的优秀者将不难理解。

这所大学的校长是迪迪埃·拉乌尔（Didier Raoul）。他拥有细菌学、病毒学和寄生虫学学位。他经常从鼠疫死者的牙齿上刮取样本。千禧年结束时，其他人正计划举办终极派对，拉乌尔却正从掘出的 14 世纪骷髅牙齿中提取脱氧核糖核酸，以测试死者是否因细菌性瘟疫或致命的埃博拉病毒导致死亡。拉乌尔热衷于病原体研究。所以，当蒂莫西·罗波坦提出要给他一个无法分类的冻干细菌时，他欣然接受。然而，他绝不会知道，自己将陷入一个怎样的泥潭。

首先，样品被放在显微镜下作检测。罗波坦是对的：病原体显得像是一种细菌。接下来，它通过了细菌的标准测试，革兰氏染色。该检测是一种化学染色，应用于检测怀疑含有细菌的样本。革兰氏染色以紫色表示细菌，粉红色表示其他东西。拉乌尔的样本呈紫色结果。

这就是为什么拉乌尔研究小组的细菌学家伯纳德·拉·斯科拉（Bernard La Scola）采取了进一步的措施，并着手分类他们正处理的细菌。这涉及另一个标准的常规方法：检测核糖体 RNA 分子，该分子帮助细菌合成蛋白质。不幸的是，他们在样本中未找到这种分子。进行了 30 次搜索后，拉·斯科拉仍未找到。因此，他打开了电子显微镜——放大能力比标准的光学显微镜强 1 000 倍——以更仔细地观察病原体。那时，他将面对一个怪物。

这种"细菌"实际上不是细菌，而是一个巨大的病毒。该团队将其命名为"米米"。2003年3月,在研究团队宣布了他们在该科学领域的发现时,该团队负责人表示,"他们之所以选择这个名字,是因为该病毒为一种模仿状态,非常类似细菌。"该公告只用了一个页面,它只是宣布,法国研究人员发现了已知的最大的核型胞质大型DNA病毒(NCLDV)。

生物学家有多种病毒分类方法。他们还有一个专业的学术委员会,即国际病毒分类委员会。该委员会根据病毒的特性,将不同的病毒纳入合适的分类。委员会需要考虑核酸的类型(含有RNA或DNA)、宿主类型、包裹基因组的衣壳形状等病毒特性。疱疹病毒、天花病毒和带状疱疹病毒(引起水痘和带状疱疹的病毒)等都是DNA病毒的例子,其基因组由DNA组成,外层是保护性的蛋白质衣壳。按照NCLDV分类,DNA病毒是该组中的较大病毒,而马赛巨型病毒是其中最大的病毒。试想,你站在一个男人的旁边,此人与一栋十二层高的办公大楼一样高——对大多数其他病毒来说,它显然是个怪胎。

伯纳德·拉·斯科拉的电子显微镜显示,"米米"病毒与所有的病毒类似,看起来像某种水晶。与细胞或细菌不同,它的结构并不松散,像是按整洁的建筑原则构建。它的头部是个二十面体,就像一颗切割好的宝石。它看起来组织严格、纪律严明。与其他病毒不同,该病毒的基因组呈现一种限制性模式。大多数病毒都有一大堆似乎无用的"垃圾"DNA,但"米米"病毒的大多数基因都执行着明确的任务。

包括哪些任务呢?例如,有的基因编码用于指导合成蛋白质,有的提供了蛋白质合成的装置。这完全违反生物学的基本原理:病毒应该让宿主制造蛋白质。"米米"病毒中的一些蛋白质合成装置与我们称之为"生命"的东西中发现的完全相同。还有一些基因用于DNA修复、DNA解链、糖代谢和蛋白质折叠——这是生命存活必不可少的功能。马赛的研究人员发现,"米米"病毒以拥有1 262个基因为傲(典型的病毒大约有100个基因,且有效的大约10个)。科学家们从未见过基因数量如此大的病毒,这让马赛研究人员兴奋不已。然而,这是他们曾见过的最令人困惑的事情。要理解为什么，我们必须回溯到1758年，当时的瑞典博物学家卡尔·林奈（Carl Linnaeus）出版了具有革命意义的书籍《自然系统》（第10版）。

林奈的作品未采用那个时代简单且不理智的给生物有机体系统命名和分类的方法。相反，林奈以其共有的身体特征对有机体进行分组。在很多方面，他为查尔斯·达尔文的研究奠定了基础。达尔文的自然选择进化论研究了，为什么不同的生物体具有某些共同的身体特征。他得出结论：如果生物体看起来很像，它们或许以某种方式相关联。突然间，我们有了生命树的概念，我们可以开始考虑并追查我们的祖先。

林奈并未给生物取一个很长的名字，而是给他们取了两个短名字。第一个是它的"属"，例如：人。第二个是"种"，即"属"的分支，例如：智人或直立人。这是一个整洁的系统，迄今，仍然是生物学分类方法中最好的。尽管我们大多数人比狼犬更熟悉灰狼，但林奈的分类方法给有机体提供了唯一让人熟悉的名字，例如，霸王龙或者埃希氏菌（也称大肠杆菌）。

下一次分类学的革命发生在20世纪70年代，此时，卡尔·伍兹（Carl Woese）的方法超越了身体特征。伍兹使用了新兴的基因测序技术，通过各种物种基因组中的共同特征进行分组。这样做之后，他敢于重新绘制生命树。

20世纪70年代始，人们认为生命只有两种形式。一种是真核生物，像动物和植物那样的高级生物，它们庞大且复杂的细胞中含有可遗传信息的细胞核。一种是相对简单的原核生物，例如细菌，细胞中没有细胞核。

1977年，伍兹发表了一篇论文，提出应将原核生物作进一步分类。他一直对各种微生物的基因组进行测序，发现目前的分类方法并不适合。一组称为古生菌的微生物与细菌在遗传上是有区别的，实际上，它们在基因上更像真核生物。伍兹说，"生活在高温环境或以释放甲烷为特征的古生菌可能看起来与细菌类似，但遗传学认为它们代表了一个完全不同的进化路径。"生命体应分为三个部分,而不是两个。我们现在知道,古生菌占地球生物量的很大比例——20%。它们的特征是存在于看似不适合居住的地方,例如,嗜盐菌在盐水中繁盛。还有一些生活在牛的小肠内,在热的硫黄泉中,在深海海沟冒着黑烟的排气孔中,在储存的石油中⋯⋯

伍兹与伊利诺伊大学的同事乔治·福克斯(George Fox)一起发表了论文。在该文中,伍兹使用了愤怒的语气,"它看起来像是为了唤醒生物学家。"伍兹认为,生命树的分支被狭隘的科学世界观限制了。缺乏证据,理所当然会导致偏见的产生。他们在文中谈道,"生物学家偏爱简单的二分法:植物与动物、真核生物与原核生物。"但研究人员宣布,"生物世界不是二元的,至少是三元。"

那篇论文强烈地迎来了古生菌的时代,将其与细菌和真核生物并列起来,就像你和我并排坐在一起。上述引号内的"至少"二字为更多的开放敞开了大门。也许存在四个分支,而不是三个。"米米"病毒极可能成为一个分支——如果大胆猜测。

尽管伍兹呼吁对未来持开放态度,但"米米"病毒并未受到人们的热烈欢迎。对重绘生物分类带来威胁的病毒,不会被人们轻易接受。迄今为止,它也未被人们接受。病毒分类委员会仍然没有确定,"米米"病毒是否应被接受为一种生命。为什么"米米"病毒不应作为生命俱乐部的成员更受人欢迎?唯一的答案是,"因为它是病毒"。正统的观点认为,病毒是寄生虫。这意味着,从逻辑上讲,它们在其他生命形式出现之后才能存在。

尽管逻辑是一件邪恶的事情,但它通常依赖于微妙的假设。例如,如果病毒并不绝对是寄生虫?如果病毒只是远古的生命进化成了真核生物、细菌和古生菌,随后又失去了一些独立性?如果这样,它们将有权被称为生命——病毒可能会像其他三类生物一样,拥有关于我们的普遍共同祖先(LUCA)的线索。这种可能性不能被忽视,因为其说法并非没有根据。对科学来说,"米米"病毒的一半基因是未知的,没人知道他们编码什么。也许,在过去的某个时代,"米米"病毒并非是一种病毒,而是一个独立的、自由生存的有机体。后来,在艰难时期,"米米"病毒陷入困境并诉诸寄生。它们可能是遥远过去的遗迹,它与所有其他生物共享的7种基因为我们提供了有趣的线索。

对你的基因组进行序列分析,你会发现许多有趣的事情。但是,在那些使你成为"你"的基因中,你会发现60个左右的基因——通用核心基因组——将你和地球上所有的生命相关联。星球上的每个生物细胞都有这些基因的拷贝,这些拷贝就是地球上生命历史的记录。

我们知道,组成基因的核酸分子充满了错误,核酸排列错误或缺失。这种情况偶尔会在基因复制时发生。DNA擅长自我复制,但并不完美。辐射也可能导致突变。不管什么原因引起,只有极少数结果是灾难性的。大多数情况下,突变后的生物体也能存活。这些突变随后被遗传给后代,并具有遗传特征。人们或许能使用某些身体属性(例如,特有的钩状鼻子)确定谁与谁具有血缘关系,科学家们能利用基因突变的特征确定一群生物体中的家庭关系。如果两个生物体的核心基因具有相同的突变,那么,它们具有共同的祖先。通过比较所有的各种突变位点,我们可以将生物体放置在进化树上的正确位置。

由于"米米"病毒拥有核心基因组中的7个基因,因此,马赛研究人员让-米歇尔·克拉弗里(Jean-Michel Claverie)将这7个基因中的突变与生物界中其他已知的突变进行比较,并在进化树上寻找它的位置。这是一个令人震惊的发现。

该团队于2003年发表的科学论文表明,通过对巨型病毒蛋白的分析,可以将"米米"病毒作为NCLDV病毒分类树中的"深部分支",并在那里找到它的位置。不到2年,他们再次在《科学》杂志上发表了后续研究成果且引起了轰动。2003年,他们发表的论文只有1页;2004年11月,他们发表的论文长达7页。"米米"病毒研究被证明是学术上的金矿。研究人员写道,"其基因组的复杂性意味着'米米'病毒'极大地挑战了我们对病毒的传统看法'。"他们引用了1998年的一篇论文来支持这个论点。那篇论文认为，"在目前公认的三种生命体出现之前，DNA 病毒可能就已经出现。"马赛研究人员建议，现在是时候重新绘制生命树了。

根据克拉弗里的说法，"米米"病毒占据了一个全新的分支，正好靠近进化树的底部。它的突变表明，它在真核生物及其结构复杂的细胞（那些它现在所寄生的东西）出现之前就得到了进化。最具争议的是，"米米"病毒甚至可能会直接负责有序的细胞发育，而这些细胞正是使你成为你自己的重要因子。

从生物学上讲，包括我们在内的真核生物都令人印象深刻。我们的细胞结构是复杂的，随着生命的进化，原始细胞混乱的内部结构变成了整齐的细胞器和细胞核——将我们所有的遗传信息都保存在一个整齐的包膜结构中。问题是，没人知道细胞是如何首次进化出细胞核的。

弗兰兹·鲍尔（Franz Bauer）是一位著名的生物艺术家（官方称他为"植物学画家之帝"）。1802 年，他首次对细胞核进行了描述。1831 年，首先发现布朗运动的苏格兰人罗伯特·布朗（Robert Brown）给它取了名字。从那时起，生物学家开始意识到细胞核的惊人处。细胞核结构的复杂性与其运行的复杂性完美匹配。细胞核的 DNA 复制机制以完美的技巧轻松创造出了细胞的生命，令每一位合成生物学家羡慕不已。

生物学家对如此优美的事物的进化过程确有一些推测。一个被推崇的可能性是，细菌和古生菌之间的合并导致了细胞核的形成，陷入细菌内的古生菌提供了形成细胞核的正确条件。这种观点颇有道理，一些已有的证据表明，细胞具有类似于由细菌和古生菌进化来的核酸序列。

还有许多其他假说。对此，生物学家们无休止地讨论着，他们很难确定谁是正确的。然而，他们可以确定的少数事情之一是：在所有的选择中，谁的可能性最大。

一位名为菲利普·贝尔（Philip Bell）的悉尼微生物学家提出了病毒的核酸的来源。2001 年，贝尔提出了一个令人惊讶的假设。是不是病毒感染了一种破碎的、无组织的原核细胞，并做了一些意想不到的事情？如果病毒不仅是使用细胞的分子机制来自我复制，而是继续扩散，病毒会将细胞取而代之吗？这个新的邪恶轴心，是一种介于细菌和病毒之间的某种东西，它具有其他生命体无法匹敌的能力。所以，从进化的角度看，它将有一个光明的未来。它能吞噬其他以简单化学物质为食物的生物。一旦它吞噬了这些生物，病毒可以简单地从这些生物体中获取自己所需的东西。

贝尔认为，有间接的证据表明，特定的 DNA 病毒可能是第一个细胞核。病毒和细胞核的 DNA 都包裹在蛋白质的衣壳中。在一些相对简单的生物体中（例如红藻），细胞核可以在细胞之间移动，反映出了一种病毒感染的形式。病毒和细胞核 DNA 的染色体是线性的，而细菌的染色体是环形的。病毒 DNA 链甚至具有原始形式的端粒——这是一种在真核生物染色体末端存在的保护性缓冲区。（端粒的缺失被认为与衰老过程相关——其在病毒和被称为死亡的异常之间提供了联系。我们将在下一章详细探讨。）

病毒 DNA 和细胞核 DNA 有很多相似处，但目前尚无确切的证据。尽管如此，贝尔仍坚持，感染原始古生菌的 DNA 病毒可能形成了像真核细胞核这样的东西。这个观点的唯一缺陷是，病毒实在太不起眼，太小，且遗传简单。我们都知道，细胞核复杂得令人印象深刻——病毒如何能生成类似的东西？

10 年来，贝尔一直寻找一种能成为细胞核的病毒。随着"米米"病毒的发现，他认为自己找到了。他说，"'米米'病毒就是缺失的环节。"然而，这仍然非常有争议，因为病毒并未成为进化的主流观点。它们从未被认为是活着的，所以它们怎么能成为生命故事的一部分？毕竟，病毒需要寄生在一些东西的体内。它们只是一些复制品，一袋化学物质，唯一目的是自我复制。今天，关于上述辩论仍在继续。目前，对大多数生物学家来说，"米米"病毒仍是一个有趣的异常，但仅此而已。

一些生物学家非常坚持。例如，加州大学欧文分校病毒研究中心主任路易斯·比利亚雷尔（Luis Villarreal）认为病毒是世界上遗传创新的主要来源，并认为它们很可能是地球上生命的根源。他指出，"许多人类基因组起源于病毒，因此，认为我们最后的普遍共同祖先（LUCA）是某种病毒，并不是一个太大的思维跳跃。"

"米米"病毒的发现及其所有意想不到的特性，只能更加强化了比利亚雷尔对此的看法。他认为，某些地方可能存在更多的巨型病毒。最近几年，人类基因组先驱克雷格·文特尔（Craig Venter）一直追溯生命的根源。他航行于地球各个海洋，每隔数百英里抽取一次水样，对水桶中的DNA进行测序。虽然用一艘名为"魔法师二号"的100英尺长的小船环游世界是种狂野的生物学研究方式，但它产生了惊人的结果。在百慕大的马尾藻海上，文特尔的研究小组发现了超过1 800种新物种和超过120万个新基因。到目前为止，这次旅行让我们已知的基因数量增加了10倍。每一桶海水——如果你可以将一个200升的容器称为一个桶——里都含有人类以前从未见过的数百万种病毒。

掌握病毒而不是忽视病毒的重要性非常重要。很可能，病毒，特别是"米米"病毒有较大概率成为延长寿命的关键，其能力似乎植根于它们感染并控制细胞机制的力量。

"米米"病毒首次在马赛实验室被发现后，研究人员进行了各种测试以确定它可以感染的生物种类。他们排除了人类，事实证明，这是错误的。我们很多人的免疫系统中或许都有抗"米米"病毒的抗体。一个加拿大的研究小组在检查了几百个肺炎患者后，发现其中约10%的患者有该病毒的抗体，"米米"病毒或类似的东西一定感染过人类。我们已知道，许多人类肺炎的发生是由于未鉴定的微生物造成。法国的一项研究表明，给小鼠注射"米米"病毒会导致肺炎等症状的出现。当马赛实验室的一名技术人员在2004年12月患上肺炎时，这一切得到了终极答案——该技术人员接受了标准的血液筛查，显示他已感染了"米米"病毒。今天，马赛实验室运行的安全等级提高了不少，正式说法为，二级生物安全级别。

病毒感染几乎普遍被视为是个难题。但是，有些情况下，这或许能挽救生命。1988年，卡尔加里大学医学系教授帕特里克·李（Patrick Lee）在科学界宣布，"对人类相对无害的病毒可以杀死癌细胞，它被称为呼肠孤病毒。"该病毒似乎会被吸引到Ras基因（该基因调节细胞的生长）异常的细胞中。由于大多数癌细胞Ras基因突变，因此这似乎是一种在不损伤正常细胞的情况下治疗癌症的合理方法。

目前，正在进行呼肠孤病毒的临床试验。它能杀死的癌细胞清单令人印象深刻，包括：乳腺癌、前列腺癌、结肠癌、卵巢癌、脑癌、淋巴瘤和黑色素瘤等。但该疗法的效果尚未得到充分证实。李和他的同事们正不断努力确定，是什么生物学过程涉及病毒的作用和机体的反应。有趣的是，我们与癌症作大量斗争的同时，也在努力试图理解另一个相同的问题，如何与衰老作斗争——这又反过来导致我们重新评估人类对真核细胞如何工作的理解。因为原核生物不会老化，所以，研究人员现在回到了研究真核生物和原核生物之间的细节差异——这意味着重新审视生命树开始分支的时间。由于像"米米"病毒这样的类病毒已密切参与了当代的辩论，所以它们具有深远的研究意义。衰老和死亡的起源与真核生物的出现或许相关，"米米"病毒也或许与此相关。今天，越来越多的研究人员认为，这很有可能是真的。正如帕特里克·李最初的研究所显示，如果病毒有可能选择性地感染和杀死癌细胞，那么，这也许是因为病毒让癌细胞回到了"细胞机制出错"的时间之前。这是个有趣的猜测，正如我们将在下一章中看到的，巨型病毒的可能的作用只是我们已知的死亡异常的一小部分。

9 死亡

进化的自我毁灭

1965年夏，佐治亚大学的一位年轻研究员在密歇根州的沼泽地捕获了一只海龟。这是一只成熟的雄性布兰丁龟，至少25岁了。在标记了它的特征后，他将海龟放了回去。1998年，也即33年后，J.维特菲尔德·吉本斯（J. Whitfield Gibbons）再次抓住了那只乌龟，乌龟活得很好。

布兰丁龟是一个生物之谜。到20世纪80年代，已知的最古老的布兰丁龟年龄为77岁——这是一个仍在产卵的雌性龟。如果它的脊椎不出现被卡车撞断那样的意外，今天的它应该还能生育。布兰丁龟似乎不会衰老，在它们的生命周期中，未表现出对疾病易感性的增加。如果一定要找点不同，它们随年龄的增长似乎会变得更有活力——平均地，雌性龟每年会比前年产出更多的卵。

衰老，即随时间的推移不断退化并最终导致死亡——这是动物界的普遍现象。根据标准理论，一切事物都会变老，不断分崩离析，直至死亡。海龟是脊椎动物，因此从进化上看与我们密切相关。如果我们的各个器官随时间的推移而不断衰老，那么，它们的器官也应该这样。但事实并非如此。根据南加州大学老年学教授卡莱布·芬奇（Caleb Finch）的说法，"海龟的事实对'我们的衰老是不可避免的'观点提出了尖锐的挑战。"

就这个问题，海龟并非特例。在脊椎动物中，有几种鱼类、两栖动物和爬行动物也没有衰老现象。我们要找出这背后的原因——显然，这会给我们带来明显的直接好处。但该现象比任何人能想象的更复杂。或许，这不是布兰丁龟的异常，死亡本身就是一个异常现象。

为什么生物会死亡？我们知道，生物之间会互相残杀——这是自然秩序的一部分。不过，什么是导致"自然"死亡的原因？这是一个让生物学家产生分歧的问题。它就像乒乓球运动，多年来，随着新证据的曝光，这个理论被反复修订。其间，偶尔有人会介入并破坏游戏，指出没有一种理论适合于所有可用的证据。直至今天，也没人获得最终胜利。

一种答案是，死亡仅是因为必须——例如，避免过度拥挤。如果没有老化和死亡，生物圈一定会"人满为患"。即便随后的每一代人更强壮、更健康，但有限的食物资源难以供给给越来越多的有机体竞争者，生存将变得越来越困难。因此，最好的解决方案是，个体为了种群而自我牺牲。一个简单的基因编程带来了下一代，然后开启自我破坏，至少是停止自身的修复过程并导致退化。这或许是个明智的选择，不是吗？

19 世纪的德国生物学家奥古斯特·韦斯曼（August Weismann）提出了这个想法。他认为，"身体的组成可以分为生殖细胞和体细胞。生殖细胞带有遗传信息，无论付出任何代价都必须保持其完整性。执行其他部分身体功能的体细胞则是'一次性'的。当生物体完成繁殖后，如果花太多的资源去自我修复将导致浪费。"

这听起来或许很诱惑，但它并不会发生。进化是选择有益于个体及其后代的基因受益，而非整个群体或物种受益。如果群体选择起作用，进化就不会发生。牛津大学进化论研究者理查德·道金斯（Richard Dawkins）对群体选择论提出了一个著名的反驳，并认为那是"纯粹的、肆意的、头脑不正常的行为"。

1952 年，英国生物学家彼得·梅达沃（Peter Medawar）解决了这个问题。他非常有洞察力地提出了一种机制，可以对衰老进行选择性遗传。梅达沃指出，"自然选择的力量随生物的年龄增长而降低。因此，在生物达到成熟期（并进入繁殖）之前的优势特征将被选择并保留，在生物生殖周期之后才显示的优势特征则不会保留。"梅达沃说，"这就是衰老的来源。这是后期突变导致的问题,并不是随时间一定产生不可避免的破坏。例如,在生命后期调节细胞机制的基因异常将产生传递,并因此累积在生物的基因组中。人类发生的亨廷顿氏病和阿尔茨海默病就是这样的例子。"

1957 年,乔治·威廉姆斯(George Williams)扩展了梅达沃的想法,引入了拮抗多效性的思想。当单个基因影响生物体中一种以上的性状时,会发生基因多效性。当这种影响对生物体的一种特性有利,对另一种特性不利时,会产生拮抗多效性。梅达沃效应可以通过一种单一的基因实现,该基因在年轻时具有优势,尤其是生殖优势,但在生命的后期阶段会制造伤害。这种观点很快成为了衰老理论的基石。

1977 年,汤姆·柯克伍德(Tom Kirkwood)出现。英国数学家柯克伍德躺在浴缸中思考衰老问题,他应该并不了解韦斯曼的一次性体细胞的想法。柯克伍德的想法和韦斯曼一样,衰老是由体内的体细胞修复失败导致的。柯克伍德的见解是,"这些修复失败来自于有利于生殖投入的进化特征。这可能表现为体细胞内的 DNA 修复基因和抗氧化酶等细胞运行机制异常或缺乏。"

柯克伍德回忆,"他的想法极具争议性"。由于梅达沃和威廉姆斯的努力,当时的普遍看法是,衰老是程序化进行的。然后,多年以来,已有越来越多的证据支持柯克伍德的观点,即衰老是由于我们细胞和器官中的缺陷缓慢而稳定地积聚而造成。程序化死亡的观点逐渐失宠。一个典型的例子是,当托马斯·约翰逊(Thomas Johnson)和大卫·弗里德曼(David Friedma)参与该领域的研究并在 1988 年宣布他们已找到了一个有关衰老的程序化遗传证据时,一些同事指责他们编造了荒谬的想法。

当时,他们正在加利福尼亚大学欧文分校工作。他们在《遗传学》杂志上发表的论文表明,改变一个单基因可能会使线虫比正常寿命延长 65%。约翰逊和弗里德曼的论文首先反驳了当时人们普遍接受的观点,即衰老是基因组中突变积累的结果。然而,除了来自同事的反对之外,几乎每人都忽略了他们的论文，直到辛西娅·凯尼恩（Cynthia Kenyon）突然出现在该研究领域并确认了约翰逊和弗里德曼一直的阐述。

凯尼恩已经具有接近知名科学家的地位。她是旧金山加利福尼亚大学的分子生物学家，也是仙丹制药公司的创始人兼董事。仙丹制药公司是一家致力于"延长人类生活质量和长度"的公司。关于她最广为人知的报道是她对饮食限制的研究成果——她发现，线虫食用未添加糖的食物时寿命更长，据此，她停止了吃马铃薯和面食等碳水化合物。

凯尼恩最初的突破不是限制卡路里摄入，她发现了另一个增加线虫寿命的基因——可将线虫寿命延长一倍。1993年12月2日，凯尼恩在《自然》杂志发表的文章表明，通过作用于该基因可使秀丽隐杆线虫的寿命延长到6周——通常情况下，它们仅能活2周。如此，它们的寿命已得到了大大提高。鉴于此，人们开始讨论转换衰老遗传开关的可能性，以及我们是否可以将其关闭。

自凯尼恩取得突破后，研究人员已确定了造成这种差异的一些因素。蠕虫中的遗传改变导致其分子级联信号出现错误，这些信号与激素胰岛素在人体中引发的信号相似。现实中，我们很难用人体进行试验。当研究人员发现这种信号与果蝇中由激素驱动的级联信号类似时，进展开始变得迅猛。果蝇的生命周期非常短，以至于它们在世界范围内被选作遗传学研究的模式生物。关于衰老的研究似乎有了突破，我们现在能使用遗传开关延长果蝇的生命，同样的方式也适用于更大的动物。例如，我们可以通过一系列的基因开关培养长寿的哺乳动物——玛士撒拉鼠。

尽管如此，由于一些原因，我们仍无法延长人类的生命。我们对衰老过程的理解仍然初浅，没人确切地知道在长寿与疾病之间究竟如何权衡。尽管如此，当你看到我们可以为小鼠做些什么的时候，它仍会让你联想，我们可以为人类做些什么？正如密歇根大学的生物学家理查德·米勒（Richard Mille）所说，"这足以让你'心生嫉妒'。"难怪许多遗传学研究人员（凯尼恩首当其冲）正忙于设立公司，他们的目标是寻找延长生命的灵丹妙药。

然而，在这些初创企业启动时，一场争议正在蔓延——关于衰老并最终导致死亡的核心问题。

2002年，大量从事衰老的研究者齐聚一堂，发表了一份"立场声明"。该声明由利昂·海弗里克（Leonard Hayflick）领导大量老年人组成的老年病学会发表，51位科学家共同签署了该声明。该项目对那些歪曲老年病学和承诺让人永葆青春的误导提出反对，旨在为公众消费提供警示。"不需要修改遗传指令以提高动物寿命，"该声明认为，"衰老的过程并不是遗传程序化的。"2004年，在《老年学杂志》上，海弗里克在一篇文章中直言不讳地说："没有任何干预会减慢、停止或逆转人类衰老的过程。"

上述观点与研究者在蠕虫、果蝇和玛土撒拉鼠上的发现明显矛盾。

1951年10月，生物学研究专家乔治·盖伊（George Gey）在美国国家电视台发表讲话，宣布医学研究的新时代开始了。他和妻子玛格丽特（Margaret）曾在约翰霍普金斯大学工作，乔治是组织培养研究所的负责人。过去的20年，这对夫妇一直寻找一种在实验室条件下可以永生的人类细胞，该细胞或将成为寻找癌症治疗方法的完美工具。当31岁的女性宫颈癌患者海瑞塔·拉克斯（Henrietta Lacks）进行活检时，盖伊发现了他们一直在寻找的东西。乔治·盖伊面对着摄像机，拿着一个小瓶，装有来自于海瑞塔·拉克斯癌症组织培养出的细胞——这是科学家们见过的最强壮和生长最快的细胞。"从现有的基础研究来看，这是可能的，"他说，"我们将能学习一种可以彻底消灭癌症的方法。"

在盖伊上电视的那天，海瑞塔·拉克斯死于癌症。突然间，癌症似乎像即将被击倒的职业拳击手，人们投入了大量资源用于终结它。拉克斯的遗产，即从她的肿瘤中培养出的海拉细胞已成为生物学的另一个重要工具。海拉细胞在开发脊髓灰质炎疫苗过程中发挥了重要作用。这些细胞还被安置在了原子弹测试点，甚至被放置在了太空飞船上。它们在世界各地的生物实验室中被使用，也许，依靠这些细胞取得伟大成就的时刻即将来临。在海瑞塔·拉克斯去世后的 50 年，研究人员发现了细胞永生、衰老和肿瘤形成之间具有的许多联系。也许，最重要的发现来自利昂·海弗里克（Leonard Hayflick）的实验室。

20 世纪 60 年代初，海弗里克一直致力于癌症发生机制的研究。他偶然发现，通常，普通细胞很难培养超过 50 代。在培养基中，细胞会不断倍增，但在培养 10 个月后，细胞会突然死亡。海弗里克和他的合作者保罗·墨海德（Paul Moorhead）对此很惊讶，并产生了浓厚的兴趣。他们成功地重复了这个实验，向心存怀疑的同事发送了一些细胞样本，并且告诉他们，"这些细胞将于何时死亡"。"我们的预测是难以置信的，但每当电话响起，总有好消息传来——培养的细胞在预期时间死亡。因此，他们决定公布实验结果。"海弗里克后来回忆。

海弗里克观察到的现象被称为复制性衰老。真正令人感兴趣的是，该现象经历了超过 10 亿年的进化，它在酵母中的作用方式与在人类某些细胞中的完全相同。例如，从人体中取得一些成纤维细胞（该细胞主要参与新生组织中的瘢痕形成），并在培养皿中培养它们。然后，它们突然就停止分裂并死亡。

为什么会这样？这似乎与细胞核中染色体 DNA 的损伤有关。在我们的细胞中，与衰老有关的计时器是端粒——一系列覆盖每个染色体末端的重复性 DNA 序列。端粒阻止染色体粘连，但在细胞分裂时，端粒在每个分裂中都不能完全复制且会逐渐变短。最终，失去大量端粒的细胞发生了死亡。没人确切地知道这种机制是如何发展的，但它显然是防治癌症的关键。

充满诱惑的是，我们知道如何阻止细胞死亡。癌细胞含有一种称为端粒酶的催化酶，可在细胞每次分裂时将端粒恢复至其全长。这会使细胞进入失控复制，导致肿瘤快速生长。显然，我们的细胞能产生端粒酶，我们就能避免端粒缩短。1998 年初，加利福尼亚门洛帕克的杰龙生物医药公司的安德列·博德纳尔（Andrea Bodnar）领导的一组研究人员宣布，他们已将端粒酶基因转入到正常人体细胞中并使其表达，让这些细胞的寿命达到了未处理细胞的两倍——该文章在《科学》杂志发表时,细胞生命力仍然强劲。细胞状态良好,并具有一些新生细胞的特征。端粒活化意味着这些细胞避免了复制性衰老的诅咒。从基本上看,这些细胞是不朽的。

唯一的问题是,你可能不希望永生细胞留在体内,因为它们很可能会长成肿瘤。事实上,端粒缩短加快了我们的衰老速度,但它也保护了我们免受癌症侵害。这是一种折中,细胞凋亡是另一种形式的细胞程序性死亡。

化学信号可引起细胞凋亡的发生。病毒感染、细胞损伤或是机体的应激反应都能激活多种信号分子,包括激素、生长因子,甚至一氧化氮。这些信号分子都能导致细胞死亡,一类被称为半胱氨酸天冬氨酸蛋白酶的催化酶开始破坏细胞,让细胞有效地自我死亡。细胞凋亡是发育的重要组成部分——例如,没有凋亡,你的手指就不会呈分离状态——当凋亡机制出错并允许细胞永生时,癌症发生的概率将大大提高。

我们想在抗击癌症方面取得成就,比仅让细胞永生复杂得多。尽管如此,这些研究却仍然诱人。"也许,"2007年8月发表于《自然评论》杂志的一篇关于癌症和衰老的文章的作者说,"在导致癌细胞不朽的某些机制中,可能存在让我们理解延长自身寿命的秘密。"

因此,我们剩下了两个切实可行但又相互矛盾的理论。按照一种理论的说法,老龄化是通过遗传开关控制的,这种开关只能通过生殖策略权衡产生。另一种理论的说法(海弗里克的说法),老龄化只是缺陷累积的结果,由于遗传物质复制错误和细胞功能丧失,细胞不断老化并死亡。这与生殖或遗传无关,只与时间有关。

谁是对的?客观地分析科学数据,不难发现:"现有的证据表明,两种理论相互矛盾且共存。"

首先,存在一个果蝇难题。1980年,加利福尼亚大学欧文分校的迈克尔·罗斯(Michael Rose)开始繁殖长寿果蝇,结果发现:果蝇的生育力下降了。这看起来符合拮抗多效性的理论:长寿是以生殖成本增加为代价的。但随后的实验表明，随着寿命的延长，生育力开始上升——高于普通果蝇的生育力。这些果蝇比正常对照组果蝇的寿命增加了81%，生育力也增加了20%。这并不是人们发现的唯一异常现象。迈阿密大学的肯·斯皮特兹（Ken Spitze）培育出了寿命和生育力均提高的跳蚤，这本不应该发生。

另一个问题来自对限制能量摄入的观察，即辛西娅·肯尼恩的选择性饮食实验取得的结果。限制能量摄入被认为降低了代谢率，并减缓自由基等具有损失细胞作用的化学物质的产生。这样做似乎确实延长了寿命——至少在老鼠、鱼、蠕虫、酵母身上得到了验证。不过，通过限制能量摄入延缓衰老的说法具有明显的弱点，其作用似乎并非通过拮抗多效性以实现。控制卡路里的摄入量，从而延长寿命，只有在某个节点时才影响生育能力。在实验中，减少雌性小鼠40%的卡路里摄入量，才能使其丧失生殖能力；如持续让其处于饥饿水平，它们的寿命将持续增加。由于雌性小鼠用于繁殖的能量消耗不超过总量的40%，所以额外增加的寿命只能来自于其他方面。

再来看看遗传开关的问题。与凯尼恩在线虫研究中的发现类似，单基因的开启或者关闭可以控制衰老。正如凯尼恩课题组在2003年发表在《科学》杂志的一篇论文中指出的，在很多情况下，这种情况没有任何成本，无论是对于健康还是生育。基因多效性似乎在这里发挥作用——如果你去除了蠕虫的生殖系统，将使它们的寿命延长4倍——然而，生殖系统并不是衰老的主要原因。

"祖母基因"的存在并没有什么益处。虽然鸟类和哺乳动物这样的高等动物在繁殖后长期存活，将有助于抚育下一代，但蛔虫并不需要这样做。蛔虫不会养育子孙，或者开展团体合作，或者为年轻一代收集食物，或者教后代如何飞行。但蛔虫在繁殖之后仍然有相当长的寿命。正如数学家约书亚·米特尔多夫（Joshua Mitteldorf）所说，"资源被浪费在无用的延长生命上。"

在看到理论与实验之间的矛盾后，米特尔多夫对生物学死亡的进化十分着迷。2004年，他在《进化生态学研究》杂志中发表了一篇论文，列出了他可以找到的关于死亡进化的所有证据。他的结论是"尚无定论"。衰老的进化起源仍是一个根本性的、未解决的难题。

他说，"已发现的证据对持海弗里克观点的研究者不利。如果衰老是由整个生命周期中突变的积累造成，那么，养殖得越老的果蝇其遗传越容易发生变化，即有害突变应该更加明显。但事实恰恰相反。果蝇繁殖时的年龄越老，其下一代想在早期繁殖的难度越大。此外，遗传如此顽固地抗拒改变，通常意味着进化似乎选择了一种精细的调整机制。此时，死亡只是一个已被优化了的程序。"

实际情况是，实验的发现让所有理论失效。持"体细胞不可修复"观点的学者认为，生物体在繁殖后不会自我修复，其机体会持续地衰退。突变积累理论预期会出现上述相同的结果（繁殖与衰老无关）。拮抗多效理论也不例外，在生命早期获得优势的基因，其负面影响将随时间的推移而逐渐增加。但在实验中，在培养的果蝇中，每天死亡的比例只会随年龄的增长而增加至某一时间点。此后，每天死亡果蝇的比例将保持不变。该结果不符合前述任何理论。

换句话说，人们对死亡缺乏更好的解释。如果米特尔多夫自信能提供例子以反驳流行的衰老理论，那么，他会为我们提供什么呢？"群体选择理论认为，生物之所以死亡，是为了给年轻一代腾出空间，该解释是一种荒诞的歪曲。"米特尔多夫说，"老龄化的进化是自己的缘故，衰老并非是作为有利于繁殖的副产品。"

然而，没人会赞同这种说法，如米特尔多夫自己所说，"这给伟大的进化论蒙上了一层阴影。"他是对的——我们对这个影子并不陌生。我们正注视着暗物质的生物学版本：一系列异常的观察结果加上一个可能的解释，引出了大量尚未解决的复杂问题。一个看似很好的解释会迫使我们重新思考进化论中古老而重要的部分。达尔文的自然选择理论无法解释群体选择现象。自然选择理论需要调整吗？看起来，似乎是需要的。大多数人会接受已提出的调整吗？当然不会。

目前，我们似乎处于这种异常的"忽略"阶段。研究衰老遗传开关的科学家在他们的研究中找到了足够的灵丹妙药。另一个阵营的研究者认为，前者是销售（或是研究）蛇油的江湖骗子，他们确信不存在异常现象。2007年4月，海弗里克发表了题为《生物老化不再是无法解决的问题》的文章。他宣称，随机突变的积累导致了衰老和死亡。如果辛西娅·凯尼恩能让她的蠕虫活得更长，那是因为她正在启动遗传开关，以防止某些疾病的发生——这些疾病通常会在两周内结束蠕虫的生命。她只是在减轻疾病——不可否认，与老年有关的疾病——但她没有解决衰老问题。简而言之，海弗里克和他的追随者认为，"蠕虫之所以活得更久，是因为它们变得更加强壮，这并非是改变了时间对生物分子的影响。"

凯尼恩和其他认为遗传因素抗衰老的拥护者们不同意上述观点，并积极推动他们自己的研究。他们认为，"衰老的开关是存在的，找到并轻轻敲击它们，我们就能永生。如果我们能彻底破译长寿物种的遗传学密码，比如布兰丁龟或北极露脊鲸（它们的寿命至少能超过200岁），我们就能找到更多的长寿线索。"不过，这种研究存在技术难点——培养这些动物的细胞非常困难。同时，在研究中使用和保存这些动物也存在着法律麻烦。所以，如同布兰丁龟之谜一样，关于死亡的争论似乎会继续下去。

有一条线索可能会指导我们前进。辛西娅·凯尼恩的遗传学研究告诉我们，"酵母、苍蝇、蠕虫和哺乳动物中的衰老现象受到了相同的生物化学途径调节。"如果各种物种的突变是随机出现的，那么，每种动物的衰老都应有不同的机制。然而，实际情况并不如此，一切生物都以相同的方式衰老。根据加利福尼亚大学洛杉矶分校研究衰老的科学家威廉·R. 克拉克（William R. Clark）的说法："原因很明显，衰老一定是在当今物种的共同祖先中进化而来。"克拉克认为，"死亡与第一批真核生物一起产生——这些巨大而复杂的细胞中含有可遗传信息的细胞核。"

这个故事开始于大约30亿年前，当时的原核生物、细菌和古生菌统治着地球。某个时候，这些有机体演化出了使用光将水分解成其组成部分的能力：来源于氢原子的质子和电子，以及氧气。质子和电子导致了光合作用发生，给细菌提供了一个非常有用的东西——能量。氧气是这个过程中不需要的副产品，被释放了出来。

大部分氧气被这个时代富含铁的绿色海洋所吸收，产生了沉淀在海底的、厚厚的红色氧化铁颗粒（一个地层由于地质变化而被抬离水面，暴露水外的红色岩石给我们提供了这个古老的线索）。当铁元素被氧气全部耗竭后，氧气开始泄漏至海洋上空的大气中。此后，空气中氧气的浓度逐渐升高，发生了氧气灾难。

氧气毒性很高。当它在太阳光下分解时，形成的氧自由基会对生物细胞造成严重破坏。大约24亿年前，大气中氧气的积聚最终导致了原核生物的大量灭绝。实际上，它们是自身进化的受害者。只有那些生活在海洋深处，与强烈阳光安全隔开的生物才得以幸存，并不断演变出诸如有氧呼吸等策略以应对富氧环境。

这些生物的改变不仅是应付适应，还发展出了复杂而高效的将氧气转化为ATP的手段——ATP成为了所有生物细胞的能量来源。这是一个成功的进化，以至于它很快就被盗版了。随着真核生物的出现，它们吞噬了产生能量的细菌并使该机制继续发挥作用。这是一项具有双重好处的事情，因为这些细菌已演变出了对氧腐蚀性的保护作用——真核生物成为了该进化的一部分。

真核生物也面临着一个问题：在它们细胞的核心位置存在着氧自由基发生器。我们细胞中的线粒体就是残留的产生ATP的原始细菌的化石。虽然线粒体提供给我们能量，但它们也会产生有害的氧自由基。正如俗话所言，天下没有免费的午餐。

这个问题很严重，以至于需要一个真正的创新解决方案：性。或者，这就是克拉克所想到的。我们仍不能确切地知道为什么会进化出性别，但克拉克是对的，"性别可能是被死亡的进化激发而出。"有性生殖时，基因交换和重组过程允许DNA校正和修复，给后代带来潜在有利的新基因，这对于能源生成和细胞损伤之间的权衡而言是有益的。

唯一的问题是，有性生殖可能会促进更多的死亡机制进化。如果你有一套新的基因，你通常不希望那些陈旧的、受损的基因妨碍它们。如果有办法去除旧基因，那么，这种机制将非常有用。这种手段是存在的，我们已经知道，在一群被称为纤毛虫的水生生物中，细胞凋亡的发生可将细胞核中陈旧的 DNA 排出，为新的遗传基因腾出空间。这就是一个典型的死亡机制。它是有意义的，因为这是一种积极的选择。

所有这一切都是因为有性生殖。为了应对氧自由基导致的细胞损伤反应，生物体进化出了有性生殖。反过来，这又能追溯到维持生命存活的能量产生背后的机制。看起来，在生命存在的地方，死亡皆紧随其后。然而，没有人能充分地解释这个现象。在生存和死亡的某个地方，性相关的基因已发挥了洗牌作用。

古生菌和细菌没有有性生殖，也没有衰老。当我们遗传学上的祖先（第一批真核生物）使用这些有机质发挥作用来产生能量时，其结果好坏参半。它们"高兴地"用掉了能量，这使我们能够成为我们现在的样子。如你所愿（当然，海弗里克不这样认为），它们将生命最后的归宿（死亡机制）放到了细胞的核心。只有通过性相关基因的洗牌，细胞才能减轻死亡的威胁。

如果我们还未触及死亡的真正起源，那么，至少大概率触及了有性生殖的起源。也许，它只是一种为获取生命的自我延续而设计的修复机制，生命只是由此走出了一条意想不到的道路？如果这是故事的真相，那么，我们今天看到的进行有性生殖的生命将只是进化过程中的一个阶梯。在自然界中，有性生殖只是另一种适应的副产品。这解释了，为什么我们对有性生殖的理解与对死亡的理解一样，难以推进。

10 性

更好的繁殖方法

1996年，达尔文主义者理查德·道金斯出版了著作《攀登不可能山峰》，这是一本讲述自然选择理论的杰出论著。在他讨论基因突变以及突变如何在环境中发挥优势时，谈论了有性生殖的起源。"有许多关于性为何存在的理论，"他说，"但没有一个令人信服。"道金斯继续说，"我可能会在未来的某个时候鼓起勇气写一本关于有性生殖进化的书。"

至今，他也未完成此事。2004年，道金斯在自己出版的《祖先的故事》一书中再次承认了对性起源认识的失败。"应该出版一本书，对性起源的所有理论进行公正的讨论——现在已有几本了……然而，仍然没有明确的结论。"最后，他决定讨论有性生殖的后果，而不是解释其起源。道金斯说，"关于有性生殖为何具有优势的问题，那些比我优秀的科学家也未能回答，即便出版了一本又一本的书。"

在有性生殖普遍存在的情况下，并不只有道金斯一人沮丧。进化生物学家中的翘楚，已故的约翰·梅纳德·史密斯（John Maynard Smith）提到了围绕着性的"进化丑闻"。乔治·威廉姆斯说，"感谢性的存在，在进化生物学中保持了'一种危机'。生物学家恩斯特·迈尔（Ernst Mayr）在《什么是进化论》一书中提出了自己的观点，"自1880年以来，进化论者就有性生殖的选择性优势进行了争论。但到目前为止，没有一个明确的获胜者从这场争论中脱颖而出。"2007年，发表在《自然评论》的一篇论文宣称，"关于性行为为何是如此普遍的一种生殖策略，尚无人能清楚解释。"你可能从未想过，这个问题竟如此之难，有性生殖的确是个谜。

简单地说，其秘密的核心是无性生殖。一个有机体自我复制，这是将遗传基因传递给下一代的有效方式。在许多物种中，无性生殖确实发生了，特别是一些爬行动物和鱼类，表现出了有限的无性生殖现象——自我复制，而不是从雄性那里获得遗传物质。例如，2006年，伦敦动物园就有一条科莫多巨龙，它在没有任何雄性帮助的情况下繁殖了后代。

让人迷惑的是，为什么许多生物未选择无性生殖？有性生殖需要另一个生命体参与繁殖，而且只有一半的基因可以被遗传下去。更重要的是，如果一个有性生殖群体和一个无性生殖群体共同生活，每个无性生殖的个体都能产生后代，而有性生殖的群体中只有50%的生物能产生后代。从这个角度看，性是导致生物濒临灭绝的方式之一，因为无性生殖的个体会迅速占领全部环境。因此，梅纳德·史密斯认为，"有性生殖需要两倍成本。从遗传角度来说，有性生殖只有无性生殖效率的50%，即繁殖速度减半。"那么，为什么许多生物会选择有性生殖呢？

上述内容只是从遗传学的角度进行的分析，我们还未提到争夺配偶的努力，卵子和精子在相遇过程中所固有的低效率，以及在有性生殖行为期间对捕食者的脆弱性问题讨论。还存在一个问题，一些被进化选择上的好的基因组合在重组过程中会被分开，不会被一起传递。鉴于此，几乎所有的理论家都认为，有性生殖是一场灾难。

然而，事实却反驳了这一理论。你环顾四周，有性生殖显然不是一场灾难，它是这个星球上最普遍存在的现象之一。

关于这个悖论，有一个快速而合乎逻辑的解决方案。自然选择的进化都与有利突变相关。有性生殖之所以能如此普遍，是因为它赋予了后代生存优势。这种优势通过有性生殖的主要特点得以实现，后代与父母略有不同。而这种差异必须拥有足够的价值，才能克服有性生殖较之于无性生殖的巨大代价。

科学家对无性生殖的大多数观察表明，它是一种进化的终结，是快速灭绝的一种方式。它会持续数万年，但几乎不会在一个物种中永远存在。有时，无性生殖是为了应对环境压力而发生的，它不是一种普遍的策略。根据这个正统的观点，任何不能进化其基因的物种都不能在自然突变和环境条件变化中生存下去。在变化的环境中，可繁衍的有不同能力和耐受性后代的生物具有明显的生存优势。

2000年，哈佛大学的大卫·马克·韦尔奇（David Mark Welch）和马修·梅塞尔森（Matthew Meselson）颠倒了这一论点，他们一直研究着蛭形轮虫。你几乎可以在任何有水的地方发现轮虫：池塘、湖泊、路边水坑，甚至是潮湿的土壤、苔藓和地衣。显然，你找不到一只雄性蛭形轮虫，这些生物进行着无性生殖。韦尔奇和梅塞尔森的分析表明，它们完全不需要雄性的存在，360多种蛭形轮虫仅使用无性生殖就从7 000万年前完好无损地保存至今。

正是蛭形轮虫这种顽强的生存方式，蔑视了生物学家们自认为的最佳理论，以至于梅纳德·史密斯将其称为"进化丑闻"。这个例子嘲弄了有性生殖更有利的观点。因此，虽然生物学家认为轮虫是异常的，但它确实是需要我们解释的自然世界的一部分。我们认为理论听起来很好，但有性生殖具有优势的证据在哪儿？环境变化必须具有多大的灾难性，才值得生命付出有性生殖的双倍代价？要回答这个问题，必须先看看性行为能做什么。

首先，让我们考虑那些被生物学家称之为有害突变的问题，这些突变是通过无性生殖积累的。如果一个生物体只是自我复制，那么由辐射损伤引起的，任何偶然的DNA突变都会被传递给后代。因此，历经多次传代，突变会不断累积。这种现象被称为"穆勒棘轮"，即穆勒（Muller）用X射线照射果蝇之后发现其基因组突变。这种现象的结果是，有机体会不断地失去健康。再看有性生殖，它会有机会将遗传物质的无突变片段传递给下一代。

这是一个很好的，甚至是明显的证据，但问题隐藏在细节之中。有利的证据并不像你想象的那么积极。

生物学家通过一些异乎寻常的途径收集证据，来赞成或反对上述观点。比如：

加利福尼亚大学圣巴巴拉分校的威廉·赖斯（William Rice）和亚当·奇宾德尔（Adam Chippindale）在他们的实验中，将果蝇从有性生殖转变为了无性生殖的克隆机器。

新不伦瑞克大学的奥罗拉·内德尔库（Aurora Nedelcu）和她的同事们通过加热，使无性生殖的藻类因环境压力，转变为有性生殖方式（在野外环境，水温变化导致性状改变）。

新西兰奥克兰大学的马修·戈达德（Matthew Goddard）对酵母细胞进行了基因工程改造（酵母细胞通常可以进行有性和无性生殖），关闭了其有性生殖方式。

俄勒冈州波特兰市刘易斯克拉克学院的凯勒拉尔·奥特姆（Kellar Autumn）使壁虎在跑步机上跑步，以比较通过无性生殖和有性生殖出生的壁虎是否在运动上有不同表现。

所有这些技术——以及更多的技术，都被用来测试理论是否正确，观察有性生殖和无性生殖群体在不同条件下的表现。不幸的是，答案并不像人们想象的那样清楚地证实人们的理论。

例如，奥特姆发现，无性生殖的壁虎比有性生殖的跑得更远、更快。但以前的一项研究，曾使用过其他动物进行实验，得出的是相反的结论。一系列有关水蚤的实验发现，无性生殖产生的突变比有性生殖产生的更加有害。但对线虫的研究表明，无性生殖与有性生殖种群的有害突变数量无绝对差异。对不断演变的基因组进行计算机模拟表明，种群的规模似乎也很重要——个体数量较少的种群通过有性生殖的优势更明显，个体数量较多的种群却因有性生殖累积了更多的有害突变。

难道说，有性生殖的种群能改变其基因，所以它们能更快地适应变化的环境？其实，证据是混合的。1997年，人们对酵母的研究发现，在适应新环境的实验中，有性生殖的酵母并没有优势。然而，另一项研究表明，当环境恶化时，有性生殖的酵母可以赢得胜利。但即使环境改善后，其数量仍然保持平衡。于 2005 年进行的另一项研究表明，将有性生殖和无性生殖的酵母菌株放入仅含最低营养条件的试管中，结果是无性生殖的酵母胜出。当含有相同数量有性和无性生殖的酵母混合物被涂抹在小鼠大脑中时（有人认为这模仿了一个高度多变的环境），有性生殖的酵母胜出。然而，这一结果与两位加拿大研究人员的发现形成了鲜明对比。1987 年，格雷厄姆·贝尔（Graham Bell）和奥斯汀·伯特（Austin Burt）研究表明，在多变的环境中，有性生殖生物的后代并没有体现出遗传多样性。

因此，已有的证据表明，有性生殖却能在某些情况下提高生物适应环境的速率，但并不会带来惊人的结果。此外，这不足以解释其繁殖成本高昂的问题。

当我们更深入地研究突变时（一般认为有性生殖在面对突变时更有优势），会出现更多的问题。首先，只有一部分病毒家族（如 RNA 病毒）和高度进化的真核生物（如人类）的遗传物质具有较高的突变率，需要通过有性生殖的方式消除有害突变。其次，还有上位性问题，即基因的相互作用问题。基因组中的多个有害突变可以增加或减弱彼此的作用。对上位性效应进行的多项研究发现，有性生殖并未体现出明显的优势。

威廉·汉密尔顿（William Hamilton）认为，也许存在一个可能性（也是得到了很多认同的一种可能性），有性生殖与寄生有关。

汉密尔顿是位非凡的人物，他于 2000 年去世。他之所以出名，不仅是因为他的学术实力（一个讣告称他为"达尔文以来最杰出的达尔文主义者"），还由于他无所畏惧的探险经历。在卢旺达内战高峰时，他在卢旺达徒步旅行，寻找蚂蚁（并被俘获为间谍）。他曾跳进亚马逊河，用拇指堵上正在沉没的船上的洞。在巴西，当他拒绝在街头抢劫中屈服时，他遭到了刀伤。汉密尔顿在刚果丛林探险时，疟疾最终杀死了他。

汉密尔顿运用自己对生物学的丰富想象力，编织了一个今天仍在该

13 Things That Don't Make Sense

领域被广泛使用的短语：红女王假说。它是根据刘易斯·卡罗尔（Lewis Carrol）的故事《爱丽丝奇遇记》中的角色命名的。在那本书中，红桃女王告诉爱丽丝，"你看，在这里，需要你能做的所有努力，就是待在同一个地方。"汉密尔顿用这个想法来描绘一个有机体和其寄生虫之间的进化关系。有机体不断进化以逐渐摆脱寄生虫，但寄生虫也不断进化使有机体再次成为自己的寄主。汉密尔顿表示，"有性生殖是这场永无止境的斗争中的最好武器。"

人们开展了寄生虫对酵母、甲虫、绵羊、蜗牛以及其他生物影响的研究。来自各个研究小组的证据都对这一想法有利。较之无性生殖的自我复制而言，有性生殖通过基因重组获得了更成功的繁殖和较低的病原体感染率。看起来，有性生殖通过各样的基因组合，有了更多的机会活到繁殖期的到来。

当然，也有证据反对红女王假说。当水蚤使用有性生殖时，它们并未显得更有优势，轮虫也不符合这种范式。为什么轮虫能在没有有性生殖的情况下能抵抗病原体数百万年？有证据表明，对轮虫来说，它们的优势在于存在能帮助生物体在各种条件下生存的基因。

2004年，莎拉·奥托（Sarah Otto）和史葛·纽斯默（Scott Nuismer）的发现再次打击了红女王假说。他们用计算机模拟了大量不同环境中的一系列生物体间的遗传相互作用——就像在真实的大自然中。结果发现，红女王假说导致了有性生殖的减少，而不是增多。因此，尽管红女王假说在某些情况下起作用，但决不能说这就是无处不在的有性生殖存在的主要原因。唯一可行的解释是，红女王假说只是一系列广泛现象的一部分，这些现象综合在一起会使有性生殖成为良好的生殖选择。他们在《科学》杂志上发表的一篇文章中称，"红女王对合适的配偶来说，可能更有效。"

这似乎是唯一的答案：对于有性生殖，不存在一个简单的解释。由于没有一个强大的、明显的解释得到人们的认同，今天研究的趋势是寻找较小效应的组合以解释有性生殖存在的优势。一个例子是有性生殖方式可改变基因结构。人工基因网络实验（通过大量的计算机模拟）表明，有性生殖产生了"稳健"的基因组，突变对它们没有明显的影响。更令人感兴趣的是，有性生殖也产生了更可能分裂成模块的基因组。这是一些独立的实体，其基因在模块外没有任何作用。在有性生殖时，模块的组合被重组而不是基因被重组，这减少了基因多效性问题，即一个基因对其他基因组中的另一个基因产生不利影响的风险。使用模块化的基因组时，每个预制模块中的基因组合在一起——如果生物存活下来并进行了繁殖，则这些模块化的基因组显然不会产生显著的不利影响（至少在生育之前）。由于上述基因不会影响任何自身模块以外的基因，所以没有任何模块化基因的重组会产生进一步的不利影响。据此，存在着优势重组的可能，这意味着有机体可以持续存活。

如果上述说法是事实，那么，它仍然只是难题的一部分。一般来说，随机变异造成的随机遗传漂变为解释有性生殖的表观优势提供了最好的证据。研究表明，如果种群数量不是太大或太小，且变异不出现太多的相互作用（即多效性有限），与无性生殖相比，有性生殖可以使用遗传漂变来提高生存率。但这也并不是一个确凿的论点，生物学家们仍然认为，目前尚缺乏有力证据对它的支持。他们仍然无法回答，为何要选择付出双倍成本的有性生殖。

对查尔斯·达尔文而言，有性生殖盛行的原因"隐藏在黑暗中"。一个多世纪后，1976年，梅纳德·史密斯说，有性生殖问题是如此顽固，这让他感到"系统的某些特性被忽略了"。今天，问题仍然存在。有性生殖问题必定是各种科学异常现象中最持久的。那么，这是否是一种反常？

它当然有一些标志。在我们努力将一整套小效应结合起来的时候，这似乎显得，我们对性别起源的解释像极了库恩说的：托勒密本轮。该说法用于描述希腊人观察到的行星和恒星的运动。基本前提是，认为物体皆围绕地球旋转。然而，随着观测结果越来越精确，天文学家们不得不调整他们的模型，增加模型的复杂程度以确切地说明这种旋转是如何发生的。这耗费了天文学家们大量的努力，以保持理论的稳定——当时的天文学主要依赖于托勒密体系及其异常建立。

16世纪，名为尼古拉斯·哥白尼的天文学家认识到托勒密学派的天文学家们创造了一个怪物，于是他试图着手制定一个更好的系统。当他发表《天体运行论》时，一切突然变得清晰起来。恒星和行星的运动是有意义的且非常简单——星星都围绕太阳旋转。

我们的有性生殖理论是不是托勒密式的？如果是，我们能否从哥白尼革命的发生中看到什么？

梅纳德·史密斯认为缺失的"本质特征"是有性生殖与死亡之间的联系。如果死亡或者细胞衰老是有性生殖的根源，那么，有性生殖的代价可能被死亡带来的收益抵消。也许，抵消之后尚有剩余，故而细胞中处于核心地位的ATP产生机制用于继续抵消。没有该机制，真核生物就不能接管这个世界。让我们一起来看看该机制的领先地位。

如果有性生殖是死亡的副产品，也许我们可以下调对生物学的主要假设：自然是一个激烈竞争的世界。如果生物体希望通过其他个体的消耗以传递自己的基因，那么，选择好的配偶不失为有效办法（如果配偶是必要的）。如果有性生殖是真核生物死亡进化的结果，那么，生存肯定会在欲望等级中高于性活动。我们知道，在大多数（但不是全部）有性生殖的生物中，生存欲望比繁殖欲望更强。

现在，让我们想象一下，像平时一样，生物体共同生活在一个群体中（这里，我们必然要考虑高等动物，因为他们是密切依靠有性生殖的生物）。他们对性行为和某些生殖冲动有着明显的倾向性，但也能意识到群体力量：他们的个人生存与群体的福祉有关。那么，将会发生什么？

将会发生性行为。众所周知，无论进化的原因是什么，它已演变成一种愉快的结合活动，至少在更高等的动物中是如此。这将不可避免地导致繁殖。与保护个体生存一致，这也维护了群体的完整性。约翰·梅纳德·史密斯曾提出，"如果雄性伴侣为其性伴侣提供大量资源并努力工作，以使有性生殖的雌性能生育与无性生殖雌性同样多的后代，那么，有性生殖的双重代价则会消失。"像上述那样的集体行为是否可以弥补成本的消耗？

这是一个难以回答的问题，但我们可以做一些有趣的观察。有性生殖的生物经常以群体形式生活，尽管每个生物体都意识到要将自己的"最佳利益"放在优先列表的顶部，但只有当其将整个群体纳入考虑时才能确定何为最佳利益。例如，与群体中唯一的女性交配并非一个弱小雄性的最佳利益，如有其他更强大的雄性，弱小雄性甚至可以尝试死亡。

在某些方面，这个问题与一个众所周知的数学现象相似，即所谓的稳定婚姻问题。想象一下，一个房间里全是人且正在举行寻找与异性伴侣搭档的派对。如果所有男人的满意都建立在选择该房间最好看的女人——反之亦然——每人都不会高兴。1962 年，两位数学家研究发现，如能使房间里的每人都稍作妥协，确能让每人都高兴。大卫·盖尔（David Gale）和劳埃德·沙普利（Lloyd Shapley）研究表明，如果每人都按照潜在合意的顺序排列，将事物安排为一种稳定的均衡状态将具有可能。在这种平衡中，人们的合作方式是，男人和女人以能找到的合适伴侣结婚。这对大多数人来说也许不理想，但对团体来说这是个令人满意的结果。

这只是博弈论的一个应用——博弈论是用于分析决策与行为的数学工具。该理论由匈牙利数学家约翰·冯·诺依曼（John von Neumann）建立，核心目的是找到问题的最佳解决方案以使每个参与其中的人都尽可能地快乐。一旦确立了这种均衡，将不会有任何参与者试图改变它。这个理论在许多领域已被证明是一个重要的工具——它帮助建立了冷战期间脆弱的和平；它在经济和国际关系方面已受到了广泛重视；它解释了一个社会如何建立自己的社会规范。在某些方面，所有人类和动物的行为都能被视为一种游戏。根据琼·拉夫加登（Joan Roughgarden）的说法，"有性生殖也应包含其中。"

拉夫加登是斯坦福大学进化生物学教授,专门研究性行为的选择问题。2006年2月,她与两位同事共同写了一篇关于达尔文的性选择与社会选择理论的文章,并在《科学》杂志的网站上掀起了激烈争吵。她认为,"性伴侣的选择与繁殖、基因的传播以及群体的结合不太相关。"

在论文中,拉夫加登提出了一个解释生殖选择的"新理论"。她说,"选择'最佳基因'与生殖行为没有关系。也许,存在一种以货易货系统——吸引雌性,保持领土清洁,与竞争对手对抗或许也很重要。"

尽管许多生物学家批评了拉夫加登的想法和研究方法,但该理论确实允许一个有机体通过有性生殖恢复失去的领地。她举例,博弈论表明,社会选择会增加发育到性成熟的年轻人的数量。如果群体中的成员都参与了执行组织凝聚和生存所需的各种功能,这些贡献意味着人人都有机会复制。因为他们做出的贡献将使复制成为更加成功的事情,从而推动群体数量向上增加。

如果你采用有性生殖选择的标准观点,意味着选择一个伴侣是很简单的。基于"最好基因"的展示,通常表现在物种雄性个体的装饰品以及运动能力上。大多数情况下,由雌性作选择(因为卵子是有限的,雄性的精子廉价且丰富),雄性为这种机会决一雌雄。然而,最近的研究表明,雌鹿选择最大鹿角或最响亮吼叫的雄性,孔雀为了获得"最好基因"而选择最优雅尾羽的雄性,似乎并不像我们认为的那样简单。这不足以描述现实世界中发生的事情。

约翰·梅纳德·史密斯提出,"以红鹿为例,有性生殖选择理论存在问题。强壮的雄性红鹿忙于相互之间开展的疲惫的、喧闹的、令人印象深刻的鹿角攻击展示。然而,通常情况下,雌性红鹿并未对此留下深刻印象,反而倾向于与鹿群中雄性气质较少的雄性交配。"梅纳德·史密斯给这种雄性红鹿贴上了标签——偷偷摸摸的混蛋。

这种雄性红鹿是鬼鬼祟祟的吗?也许,它只是体现了更好的进化意义。没有强力的证据表明,鹿茸猛击者的后代一定拥有良好的基因,雌性红鹿也不一定对此感到印象深刻。此外,即便鹿茸猛击者真有几个好基因，雌性愿将它们所有的注意力集中在一个或两个雄性身上而长时间等待吗？毕竟，从理论上看，所有的雄性都是强壮而健康的雄性红鹿的后代。很难想象它们存在巨大差别，值得雌性红鹿去仔细辨别。这个问题也称勒克悖谬（Lek Paradox），为生物学家们熟知。当然，也有一些理由支持雌性应选择坚持等待。

标准的选择理论存在很多问题。两位澳大利亚研究人员马克·伯劳（Mark Blows）和罗布·布鲁克斯（Rob Brooks）发现，果蝇所做的选择几乎与性选择理论预测的方向相反。同样，有科学家的研究表明，雌性往往懒惰，少于努力地仔细选择自己的配偶，多于随机交配。它们的选择，更多基于经验而不是基因特征。有些雌性的确付出了努力并仔细检查了雄性，但这并非常态。更有证据表明，生殖成功的关键在于除了蛮力之外的其他地方。

1994年夏天，伊丽莎白·福斯格伦（Elisabet Forsgren）在瑞典西海岸的克鲁班生物车站花了几个月的时间做研究。她主要研究沙滩虾，以及在欧洲海岸浅滩游泳的鱼。她到了一片浅海沙滩，将水箱放在车站附近的浅海中。鱼在饱餐了福斯格伦提供的新鲜贻贝之后，作为回报，它们向她展示了有性生殖选择的复杂程度。

福斯格伦让两条雄性鱼互相争夺最佳的产卵场地，获胜者通常是体形稍大一点的鱼。之后，她让它们分别保护一窝鱼卵，以防止螃蟹的掠食。结果是，体形较小的鱼是一位热心的守护者。最终，她让雌鱼在两条雄鱼间做选择——雌鱼通常选择那个更好的守护者，而非那条体形更大的雄性优势更明显的雄鱼。

这并不意味着有性生殖选择的标准理论一无是处，例如引人瞩目的海象的例子，雄性相互争夺接近雌性的权利。最强大的雄性海象获胜后可获得配偶。由于一个群体中只有最大的雄性海象有机会生育下一代，所以下一代的雄性海象比上一代的雄性海象更大更壮。

尽管如此，在拉夫加登看来，标准理论事实上存在很多例外。我们应该在别处寻找关于求偶的解释。她提出，"孔雀尾巴等第二性征或许不是良好基因的指标，而是身体健康的指标。"动物身体健康也利于繁衍和保护更多的后代，并养育更多数量的后代成长到性成熟，以抵消有性生殖的成本。这个想法与福斯格伦的发现相近，一些雌性的鱼选择了更负责任的雄鱼，而非更强大的。

更重要的是，很多情况下，竞争失败并不会让群体中的弱势成员离开，后者只是承担了不同的角色。那些不直接参与繁殖的动物仍然经常参与群体活动，促进群体的福利和凝聚力，比如：收集食物、提供保护、照料后代（也许，晚点也能获得交配机会）。拉夫加登认为，动物之间的这种结合活动极可能是同性恋行为的根源，并在自然世界中无处不在。

布鲁斯·巴吉米尔进行了为期 10 年的生物求偶和繁殖（包括动物的同性恋和性取向多样性）研究，结果发现：有超过 450 多种物种被发现有非生殖性行为——包括长期生活在一起。例如，他观察到两只雄性黑天鹅一起筑巢，一起孵化（偷来的）天鹅蛋且孵化出了适应环境良好的小天鹅。事实上，更令人惊讶的是，同性恋黑天鹅在抚养幼年天鹅方面的成功率高于异性恋黑天鹅。

拉夫加登完善了巴吉米尔的工作——在她的著作《进化的彩虹》中，她观察到"非标准"配偶的脊椎动物数量高达 300 个左右。还有更多的例子等待着被披露。巴吉米尔的工作维持了 10 年时间，部分原因是生物学家反对报道自然界中的同性恋行为。一位生物学家告诉巴吉米尔，他承认巴吉米尔观察到的动物生活在同性恋社会中，但他在情感上不接受。其他研究者也承认巴吉米尔记录到了动物之间的同性恋行为，但在他们担任终身教职之前都避讳这个结果。

显然，这种交配方式不符合主流观点，即基因或者至少是生物体希望不顾一切地自我复制。然而，它们的确符合有性生殖的社会角色，即认为有性生殖是一种屈从的结果，也即其他现象的副产品。

拉夫加登如果接受某种观点，一定是因为该观点可能具有文化和科学含义。她说，"生物学的正统观点就像电池中的酸液一样腐蚀了我们的文化。一般来说，我们扮演文化为我们规定的角色——带有侵略性的男性和腼腆的女性。偏离'规范'会导致身体暴力、偏执、个体内疚和犯罪行为。如果此前的生物学是错误，新的正统观念可能会让人们更加宽容。也许，有性生殖观点的异常流行，最终会在科学之外产生深层次的影响。"

并非每人都认可拉夫加登的论证——实际上，多数人不接受。"我发现，对于社会物种来说，这不过是理论的一种——人们对它的接受既不多于也不少于有性生殖的选择性学说。"史蒂文·罗斯（Steven Rose）在《卫报》中评论《进化的彩虹》时如此写道。然而，截至目前，进化理论学家需要关注有性生殖的所有问题，社会选择性学说是一种有趣的可能性。

关于这种可能性最让人感兴趣的是——如果死亡是性别产生的根源（性别是富氧环境中生存的生物所必不可少的），且将基因传递给下一代并不是自然世界的主要驱动力（只是副产物），那么，在进化过程中，群体选择性的发生可能也非道金斯宣称的那种任性为之。这将使约书亚·米特尔多夫的死亡观重新回到可能的领域——死亡从最初的真核生物的特征演变为了给新生代腾出生存空间的系统行为。米特尔多夫的观点与奥古斯特·韦斯曼于1889年提出的观点基本相同（该观点后来遭到了否定）。

如果死亡和有性生殖的故事在海洋中不断发生，那么，雌性章鱼的故事就为其提供了一个合适的结论——并让我们面对下一个异常。它是乔治·威廉姆斯梦想中的生物，也是一个触手可及的、对抗基因多效性的证明，"雌性章鱼一生只产卵一次，产卵后会失去生存意愿。在10天的孵化期内，它会饿死，这是程序性死亡。1977年，心理学家杰罗姆·沃丁斯基在一只雌性章鱼产卵后取出了它的视腺，阻止了促使自我饥饿的激素分泌。原始程序遭到破坏后，雌性章鱼在生殖后长期存活了下来。"

毫不夸张地说，雌性章鱼是自身激素催生出的烈士。也许，我们也不例外。如果我们认为，我们选择吃饭、早上起床，或者我们自己在选择做任何事情，就完全错了。自由意志的幻觉——更确切地说，应称为错觉——是我们的下一个异常。也许，这是最令我们不安的东西。

11　自由意志
你的决定不是你自己做出的

2007年春天，我来到了位于伦敦市中心的帕特里克·哈格德（Patrick Haggard）教授的地下实验室，扮演匹诺曹。伦敦大学认知神经科学研究学院哈格德教授举起一个东西，像一个巨大的卡通钥匙。当哈格德教授来到正确的位置，踩下脚踏板，我的右手食指发生了移动。他滑动了一下钥匙，我的中指开始扭动。如果他恰当地绘制了我的头骨，并加大了力量，我的腿或手臂也能被移动。用这把钥匙，他几乎能做任何事情。

这个戏法是神经科学家最喜欢的实验。它被称为经颅磁刺激，使用两个电线圈创建一个磁场，诱导出大脑中的电流。通过这个实验，研究人员可以研究大脑特定区域的功能。哈格德说，"他对自己也做过多次实验。"我很高兴能得到体验，但我的身体被他人控制，我却不那么喜欢。

事实上，我还算幸运的，有些人每天都得忍受这种失控。例如，患有异源手综合征的人会发现，自己的一只手常与另一只手交战。他们常常报告，他们的每只手都有"自己的想法"。他们可能会试图用左手放下一只杯子，却发现右手正在试图将它拿起。或者，他们正用左手扣上一件衬衫，而右手正在试图解开扣子。极端情况下，异源手试图扼死患者本体，另一只手与之战斗才能拯救他们的生命。睡觉时，这些不幸的人需要将异源手绑在床上，以防万一。

这些奇特现象有一个直接的解释，它来源于患者大脑的病变。还有很多其他的例子：一名男性患者因脑瘤变为了恋童癖；一位男性患者将自己的妻子误认为是一顶帽子。虽然这些都是可怕的、不受欢迎的观察结果，但我们的确是一部依靠大脑工作的机器。我们没有自由意志。

我们可以从几十年以来的可重复的实验中得出这种推断，然而，这并不具有任何意义。作为人类，我们完全相信我们的自主权、自决权和自由意志。你与之交谈的每一个人都会说这样的实验结果是异常的，它们不符合我们意识经验框架内的认知。然而，当你与帕特里克·哈格德交谈时，他会告诉你这种异常和好奇心不过是我们自我欺骗的谎言，我们紧紧拥抱的只是自由意志的幻觉。哈格德并不孤立，大多数神经科学家都同意他的观点。但仍有少数研究者正在努力证明自由意志，并将上述实验结果视为异常。虽然很多人认为讨论自由意志的意义不大，但解决这个异常，可以解释人存在的意义。

对大多数人说，他们没有自由意志，他们一定会挑衅地回答，"你错了！"1931年，阿尔伯特·爱因斯坦写道："人为自己被视为宇宙运行中的无能之物而辩护。"如果说爱因斯坦从事的学科（天文学和宇宙学）正让人类明白自己不是宇宙的中心，那么，其他学科也不甘落后。在这个问题上，自由意志似乎是令人类脱颖而出的最后骄傲，但这仅存的骄傲也即将失去。

1788年，哲学家伊曼努尔·康德将"自由意志"与"上帝"和"不朽"并论。他说，"这是仅有的超越人类智力的三件事。"然而，康德可能错了，神经科学家们正在学习并揭露自由意志的本质。

本杰明·利贝特（Benjamin Libet）是第一个戳破自由意志幻觉的人。利贝特在2007年去世，享年91岁，是神经科学领域的传奇，他不喜欢自由意志的说法。

20世纪70年代后期，利贝特参加了一场圆桌会议，并就自由意志与诺贝尔奖得主生理学家约翰·埃克尔斯（John Eccles）进行了讨论。埃克尔斯提到最近的一个发现，大脑信号产生于任何自发行为之前，称之为"潜在可能性"，其产生于行动开始之前的1秒钟或更长的时间。

当时，埃克尔斯相信，有意识的自由意志将启动任何一项自发行为。他说，"有意识的意志必须早于自愿行动至少1秒。"利贝特立即认识到这是个主观陈述，没有客观证据。于是，他开始寻找证据。

利贝特召集了一群志愿者，在他们的头皮和手腕连上电极，并要求他们执行一项非常简单的任务。他们盯着一个时钟看，每当他们觉得乐意时，甩动手腕。然后，他们需要报告，在什么时候他们第一次意识到这个动作的意图。

利用头皮上的电极，利贝特测量了上升信号前的准备电位。手腕电极测量出了肌肉活动的精确时间。当受试者发出了他们要移动手腕的意图时，意图总是发生在动作之前。

到现在为止还好，后面的消息就不那么妙了。利贝特发现，大脑的准备工作（观察电位）远远早于意识。大脑在运动发生的前半秒就做好了准备。平均来说，在受试者意识到他要移动之前的 350 毫秒，大脑就做好了准备。当受试者明确意识到手腕移动时，大脑中的意识正在全速前进。

利贝特被这个发现惊呆了，他开始寻求出路，想拯救人类的自由意志。他认为，在行为意图和行动本身之间存在时间间隔，可以让自由意志行使否决权。我们可以做出有意识的决定，不要贯彻我们大脑即将执行的行动。从而，在论战中勾勒出了什么是人类本质的轮廓。

哈格德办公室的墙上，有他女儿写的一首诗。它被称为《给爸爸的诗》，描述了她爱父亲的原因。对孩子来说，与父母的爱是理所当然的，即便这种爱是来感受。实际上，哈格德通过给女儿做事赢得了女儿的爱。他女儿在自己的诗中记录："爸爸帮助我完成家庭作业，带我游泳……最重要的是，爸爸爱我，所以我也爱爸爸。"

意识是如何工作的呢？我们是否真的希望科学能让人类行为（游泳、家庭作业、喜爱）被简化为神经元之间的电流脉冲，独立于任何个体的自我意识之外的东西？这里，还存在是非的问题：我们已建立了文明、宗教和社会的概念，并让人们知道对自己的行为负责。如果我们的行为可以完全脱离自我意识，问题就麻烦了。利贝特说，"对自由意志现象的直观感受形成了对人性观点的基本依据。我们要非常小心，不要轻信所谓的关于它们的科学结论，因为这些结论或许取决于隐藏的特定假设。"他认为，任何否定自由意志的理论都"不那么有吸引力"。除非有其他相反的证据，否则，为什么不能简单地"采纳我们拥有自由意志的观点"？

至少，利贝特在某个角度上是正确的。自由意志的想法当然不会被神经科学用石头砸死，只是利贝特实验背后的条件设置得太宽松，无法据此得出结论。当我们在帕特里克·哈格德的办公室交谈时，他将一台笔记本电脑放在了我面前的桌上。哈格德说，"我应该尝试一下利贝特实验程序的一个版本。与其他任何事情相比，这个程序更能说明为什么利贝特的实验尚未能对自由意志做出明确的结论。"

实验肯定存在难度。在哈格德的实验中，屏幕上有一个快速旋转的数字秒表。当我在脑海中记下自己"意识到"移动手指的特定时间时，我将按下 F9 键。显然，该实验存在误差的可能。比如，我是否会有克服按键的主观愿望？当我的手指按下按键时，我是如何感知对时钟的阅读认知的？这甚至涉及，我是如何定义"意识到移动意愿的"？

哈格德说，很多人都在我面前表示了质疑。为了解决第一个问题，一位参与实验的研究人员一遍又一遍地告诉受试者，是他们自己负责按键，而不是根据时钟决定按键。此后，他们测试了实验数据，寻找可能会扭曲结果的时间模式。这时，出现了一个有趣的反对意见，涉及所谓的"跨模式同步"。

如果你曾看过一部配音劣质的电影，你对电影中人物对话的体验将会非常糟糕，这是因为你的"跨模式同步"出现了问题。当你看到演员嘴唇发出的动作时，你的大脑会非常高兴地接受这种视觉输入。问题是，音频输入来源于另一个单独的通道。你的大脑非常清楚，当你同时获得视觉输入（唇读）和语音时，理解语音才能变得容易。所以，将两个频道或者两种模式放在一起进行的分析最佳。

11 自由意志

令人惊讶的是，大脑具有容错机制。如果配音在大约 50 毫秒以内不同步，则无关紧要（因为这个尺度的误差，大脑无法辨别）。这也是电影配音时被允许的错误级别，如超过了时差，人们可能会向屏幕上扔东西。

当利贝特的实验对象将他们对时钟的认读与意识同步时，情况也是如此——意识是一种人脑里的内在模式，认读（时钟的辨认）通过视觉模式实现。测试表明，人们在同步时的误差为 50～150 毫秒。这种差距足以弥补无意识启动和有意识执行之间的 350 毫秒的时间间隔。

哈格德相信，不存在自由意志之类的东西。哈格德承认，"意识到移动意愿"是有问题的。然而，他说，"我们现在正争论的是语义学；我们正在玩傻瓜游戏，试图通过对实验细节进行争辩以缩小差距。"的确，这个实验存在很多缺陷，这并不是确定自愿行为与非自愿行为确切性质的完美方式。但是，有替代方案吗？人们真的认为，自己有自由意志吗？有意识的想法可以让自己的大脑做事吗？大脑组织某处的某个东西真会跳入其大脑意识中，并移动手指吗？哈格德说："无一例外，我们有意识的'意图'不过是一些已发生的事情的副产品。"当然，证明这一点毫无疑问是困难的。在哈格德看来，有一个人比任何其他人更靠近事情的本质，这个人还不是本杰明·利贝特。

20 世纪 90 年代早期，耶鲁大学医学院的神经外科医生伊扎克·弗里德（Itzhak Fried）对严重癫痫患者的大脑进行手术。这些患者的情况非常糟糕，以至于他们的大脑必须部分被切除，以阻止神经元快速地异常放电。为了找出哪个神经元需要切除，弗里德将一个电极网格附着到了患者脑部表面的某些区域，目的是监测哪些神经元过度活跃。

除了临床应用之外，这种检测还提供了一个前所未有的机会，即通过检测电流发生的情况，可激活大脑的一小部分区域。如果你愿意的话，这是一个描绘大脑功能分布的机会，该研究可帮助我们提高对大脑工作方式的理解。弗里德紧紧抓住了这个机会并获得了一些意想不到的结果。

弗里德和他的研究团队刺激了13位患者脑部的299个脑区。其中，129个脑区作出了反应，这些反应大部分是简单的身体运动。弗里德和他的研究团队向特定的脑部区域施加电流，可引发一些动作——或者，一个关节发生弯曲；或者，受试者脸上的肌肉群发生收缩。有时，这些刺激能引起更大的反应，患者会摆出一定的姿势，例如，伸长脖子，然后将头部向右转。不论以任何标准衡量，这些研究成果都是非凡的。

但这还算不上最不寻常，令研究人员真正震惊的是患者的报告。他们感觉到了"敦促"：一个敦促移动右臂，一个敦促向内移动右腿，一个敦促移动右手拇指和食指。当研究人员在每个病例中对情况进行调整时，事情重复发生：敦促转化为行动以及患者希望报告行动的愿望。

所有这一切只在于轻轻按一个开关。研究人员接管了患者的意志。再多加一点刺激，研究人员或许能接管他们的身体。

可以看出，正如帕特里克·哈格德的描述，他对这些发现感到迷惑。"完成这项研究是件棘手的事情"，他说。

尽管如此，哈格德认为，任何人都不希望有人能直接操纵自己的大脑。经颅磁刺激是伊扎克·弗里德对他的癫痫患者做的一个间接的检测。效果不一定最好，但与哈格德的实验本质一样。

我不得不承认以下事实——"哈格德移动我的手指，将我的自我感觉拉伸到了极限。在我看来，那个手指头像是别人的。"不过，这很有启发性：它向我展示了更多关于利贝特实验的内容。"来自自身意识引起的动作"和"来自不知什么地方的意识引起的动作"完全不同。这不同于我们知道的反射，比如，在中央公园快速低头躲避低飞的鸽子；医生敲打你的膝盖让你产生膝跳反射——我可能不知道自己是如何做到的，但至少我知道这是我做的。在哈格德实验室发生的情况完全不同——我明确地知道，这不是我做的。成为帕特里克·哈格德的木偶给了我一个启示：我越来越确信，我没有自由意志。

神经科学领域的文献从另一个角度攻击了自由意志的妄想。神经科学家们一次又一次的研究发现，当涉及意图和控制时，我们的自欺欺人相当惊人。我们倾向于相信自己具有自由意志，事实上，我们应带着怀疑精神对待任何一个与此类似的内心信念。

1999年，丹尼尔·威格纳（Daniel Wegner）和塔利亚·惠特利（Thalia Wheatley）制作了一个被他们称为"普通家庭显灵板"的定制版本实验，证明了这点。当时，他们在弗吉尼亚大学工作，决定对心理学专业的学生开展手部动作控制信念的测试。学生参加测试能获得课程学分，研究人员通过该实验总结了引人注目的经典结果。

显灵板是一个电脑鼠标，其顶部有一块方形的木板。两位合作者将指尖放在木板最靠近他们的一侧。然后，他们被要求一起移动鼠标，以缓慢画圈的形式在计算机屏幕上移动鼠标的光标。屏幕上显示了50个小玩具：一只天鹅、一辆汽车、一只恐龙等。每隔30秒钟，他们就停止移动鼠标，并单独评估他们打算停在那里的意图占了多长时间。

实验涉及对参与移动鼠标实验人员的大量秘密指示。但是，结果很明显。尽管所有的光标移动和所有的停留都是由实验操作的内部人员决定的，但学生们仍然报告，停止光标移动是他们自己的意图。参与实验的人都相信自己正在做出决定，而未参与的人都清楚这不是他们的决定。

威格纳还进行了相关的其他实验。他要求学生们"识别实验伙伴无意识的肌肉运动"。实验中，学生及其合作伙伴都听到过简单的问题（伙伴不一定听到），例如，"华盛顿特区是美国的首都吗？"学生们将自己的手指放在合作伙伴的手指上"感受"伙伴的回应，然后按下相应的按键，"是"或者"否"。

事实上，这位合作伙伴（一位研究小组内部人员）根本没听到任何消息，因此未做出任何回应。学生们有87%的概率得到了正确答案——他们合作伙伴只提供了37%的正确答案。换句话说，正确的答案往往是自动生成的，不需要意识的贡献。

结论是？在我们看来，行为和意图都很危险。我们就像坐在街机（赛车游戏）前面的小孩——"未投入金钱时，屏幕上的汽车也会演示奔跑。小孩子们抓着方向盘来回移动，并坚持认为他们正在开车。"威格纳和惠特利认为，这些现象也存在于许多舞台表演艺人技巧的背后。他们在1999年7月出版的《美国心理学家》杂志上写道："我们相信，自身有意识的思想导致了我们行为的发生。其实，这是一种基于虚幻意志体验产生的错误，就像我们相信一只兔子确实从空帽子里被变出来一样。"

就像涉及催眠、阅心术和幻觉的节目，都是利用我们对自由意志真实本质的不稳定控制造成的。诚实地展现部分事情，然后，你可以欺骗人们，让他们认为自己正引起一些事情的发生。改变设置条件，你可以诱骗人们认为，其他人控制了他们的行为。世界各地的剧院都作为实验室证明了这点：演员和魔术师在成千上万人的现场在显灵板周围移动了一块玻璃，但没人意识到或许是观看者自己的期望。实际上，几乎所有的幻觉主义者和欺诈者都能从这种现象中获益。一个半世纪以来，我们已对其有了一个完美的、理性的、无神论的解释：理想运动。它们都是微小的无意识运动，它们通过集中运动期望而产生并被放大。1852年，心理学家威廉·本杰明·卡彭特（William Benjamin Carpenter）首次将它们确定为"独立于意志之外的，改变和指导肌肉运动的、具有暗示的影响力"。结果是，这最终引起了受试者无意识的大动作。

心理学家兼哲学家威廉·詹姆斯（William James）是小说家亨利（Henry）的兄弟，他接受了卡彭特的思想并应用它开展了实验，可让我们轻松地绕过自己的意志。1890年，他在《心理学原理》一书中阐述了自己的发现。他在书中指出，"运动的每一种心理表征都在某种程度上唤醒了作为其对象的实际运动。"他说，如果没有什么去阻止运动，运动就会增加。

詹姆斯指出，像早上起床那样简单的事情也可能存在类似的问题。詹姆斯认为，"起床行动包含微型形式的整个意志心理学的数据"。也许，需要一个非常规的头脑才能看透起床的全过程。詹姆斯的头脑当然不是常规的，他在研究神秘经验时使用了硝酸戊酯和佩奥特碱等药物

（他主张只有在笑气的影响下，才能真正理解黑格尔的哲学）。事实上，他对早晨起床的十分困难的观察，相当有见地。

我们都知道，一个无火取暖的房间，在寒冷的早晨起床，我们体内最重要最自然的行动是抗拒这种磨难……在这种情况下，到底怎么起床？如果我从自己的经验中总结，我们往往能不经过任何斗争或决定就站立起来。

这是一个明显得令人吃惊，但却几乎被普遍忽视的"行为缺乏有意识控制"的例子。我们都有过这样的经历——"上午7点15分，通常这是旭日东升、阳光普照的时间。你躺在羽绒被里，听到广播公司告诉你，'这是美好的一天，海港大桥顺畅无阻。'没有理由留在床上，你告诉自己，应立即站起。然而，这并非真实发生的事情。30秒后，你发现你已奇迹般地完成了这个动作。此时，你站在窗户旁边，凝视着阳光，你经常无意识地完成这个动作。"

自由意志的思想会进入我们自我意识的中心，成为人类的自主意识。剥去它，我们就成为了简单动物。哈格德与苏霍温德·奥比希（Sukhvinder Obhi）共同投稿了一篇文章给《科学美国人》，哈格德用了另一种有味道的表述，"对我们的自由意志提出质疑，会引发'哲学风暴'。"然而，哈格德认为，与法律风暴相比，哲学风暴并不重要。

大脑扫描变得越来越复杂。神经科学家的研究不再是寻找哪个大脑区域处理视觉，或者哪个区域控制运动功能。今天，神经科学家们正在确定大脑中哪些位置与人的属性相关。内疚、羞愧、遗憾、失落、冲动——它们都是可衡量的实体。个性和经验正被解剖，并被简化为电信号。现实中，一些人因冲动而陷入困境。如果我们能完全揭开引起他们冲动的机制，那么，也许其中一部分人可以得到合法辩护。神经科学家已做好了准备，还有多久？哈格德曾被问到过这样的问题，但他从未觉得自己能为其提供"清晰、有效且有用"的贡献。看来，没人愿意漫无目的地从事这项工作。

加利福尼亚州劳伦斯伯克利国家实验室的物理学家亨利·斯塔普

（Henry Stapp）引用量子理论对利贝特实验的证据作出怀疑。在量子理论中，观察行为可以改变实验条件，因此，任何涉及自我观察的实验结果都不能以其本来面目出现。

在自由意志的幻觉中，我们的神经似乎已具备了一些技巧。也许这些技巧不合理，但却能帮助我们处理复杂的社会和自然环境。这不是进化给我们带来的唯一精神把戏儿。还有另一种神经异常超出了我们的意识控制范围。它已被科学地解构，并成为了今日医疗系统的中心支柱，仲裁现代医学中有效和无效的东西——安慰剂效应。

12 安慰剂效应

谁被骗了？

抗焦虑药物地西泮的发明人利奥·斯滕巴赫（Leo Sternbach）说，"它让我知道，我可以用某种方式给人们带来帮助，让他们感觉好一些，这给了我巨大的安慰。"斯滕巴赫当然做到了这点。

1969—1982 年，地西泮（商品名为安定）一直在美国畅销药物排行榜上。在其销售的鼎盛时期，霍夫曼·拉罗什制药公司出售了 23 亿个标有字母 V 的黄色小药片。1978 年，该药品成为流行文化的一部分已延续了 10 年以上的时间。滚石乐队的歌曲《妈妈的小帮手》发布于 1966 年，对美国国内安定滥用的问题进行了讽刺。在歌曲发布的同年，该药物在小说《娃娃谷》中发挥了非常重要的作用。地西泮，即"娃娃"是帮助主角穿越纽约生活压力的手段。据世界卫生组织称，今天，地西泮已成为一种"核心药物"，对任何国家的药品商店都至关重要。奇怪的是，除非你知道你正在服用此药物，否则，它不能发挥任何作用。

2003 年，发表于《预防和治疗》杂志的一篇文章报道，如果不让患者知道自己正在使用地西泮，该药物将不能发挥抗焦虑作用。在一项非凡的实验中，都灵大学的研究者将一群受试者分为两组。一组患者给予地西泮的同时，让医生告诉患者，他们正服用一组强效抗焦虑药物；另一组患者通过自动输液机注入等剂量的地西泮，但未告诉他们注射的是什么药。2 小时后，第一组的患者报告，他们的焦虑程度已明显减轻；第二组的患者报告，自己仍然焦虑。研究者们解释，"在得知使用地西泮后，患者焦虑程度的减轻显然是安慰剂效应。"

使用安慰剂是一种无药物的医疗手段，"一个糖丸，或者一勺糖水，或者一滴生理盐水，或者其他任何无药理作用的东西；一群穿着白大褂的医生来到你的病床边给你沟通病情，也可能引发这种效果。"安慰剂的作用来源于与之相伴随的欺骗信息。你被告知（或者你认为），这种治疗方法将对你的身体或精神状态有效。如果你相信了，你在服用或者喝下了药物时（或者仅看到了医生）则能产生良好的效果。巫医、巫师和其他神奇艺术的传播者都清楚安慰剂效应。在他们开展虚假仪式以治疗付费信徒时，这种方式能发挥奇迹。电视主持人的语言有时也具有此类效应，西医医生在治疗患者时也是如此的。研究表明，白色外套和听诊器可以产生出人意料的、有效的安慰剂效果——就像一种良好的临床治疗方法。医生们知道，如果患者感受到他们正在接受适当的治疗，那么，治疗将会更加有效。

从某种意义上说，所有现象都可归结为一个简单的解释：药物的化学反应正被大脑中分泌的化学物质加强。都灵大学研究小组的负责人法布里奇奥·贝内德蒂（Fabrizio Benedetti）称这些化学物质为"希望分子"。新的实验证据不利的一面是，我们曾认为自己能轻松解释安慰剂效应，但现在的研究结果清楚地表明，我们不能。

在医学研究中，我们已习惯使用安慰剂组进行统计学处理。现代医学的科学体系是建立在随机双盲、安慰剂对照试验的基础上的；待试药物必须比安慰剂药物或注入的惰性生理盐水疗效更好。但是，我们发现，我们对安慰剂的效应并不十分清楚。对实验数据进行的分析表明，安慰剂效应在很大程度上仍然是个谜。重要的是，医疗实验系统的建立不仅假设安慰剂疗效的存在，还认为其疗效可从被测药物的化学结构上以区别。这个假设似乎是错误的，药物试验的体系可能不得不重构。最近，美国国立卫生研究院举行的会议宣布，"安慰剂的研究是'紧急优先事项'"。

理性的"循证医学"之父本杰明·富兰克林（Benjamin Franklin）的观点似乎正在走向死亡。1785年，富兰克林率领一个委员会调查"动物磁力"的说法。奥地利医师弗兰兹·安顿·梅斯默（Franz Anderson Mesmer）为巴黎社会所接受（甚至令其着迷），他声称，"磁铁和玻璃水杯具有治疗效果。"由于路易十六希望知道这些说法的准确性，欧洲一些最伟大的科学家被委托查明该事的真相。这是科学家第一次使用眼罩开展科学调查，以防止受试者对实验结果带来偏倚——这也是最初的"盲法"试验。1785 年，该委员会发布了用此方法进行实验的报告，宣传"任何治疗效果'真的来源于想象的力量'"。

有趣的是，1785 年也是"安慰剂"这个名词第一次出现在医学词典中的那年。它见于修订后的《乔治·马瑟比（George Motherby）新医学词典》（第二版）。对马瑟比来说，这个词意味着"一种常见的方法或药物"。尽管乍看起来，它并不特别。安慰剂，意思就是"我会满意的"，来源于描述中世纪以来人性中的欺诈、奉承和暴利。当时，贪婪的教士们会拿着送葬者的金钱在葬礼上吟唱 116 号诗篇。在诗篇的开始，"安慰在人的生命领域中占统治地位"（我会在生活的土地上取悦主）。到了 1811 年，该词语消极的内涵已被确立。罗伯特·胡珀（Robert Hoope）在他的《新医学词典》中发表了一篇关于安慰剂的文章，内容是："给予药物一个好听的绰号，使其取悦患者而不是让患者受益。"胡珀时代的临床医生很少知道，安慰剂不但可以让患者高兴，还有可能令患者受益。

通常情况下，这些知识曾经被掌握，但又在很久以前为人们所丧失。古希腊人就知道这点。公元前 380 年，柏拉图（Plato）写信给柴米德斯（Charmides）说道："色雷斯国王扎莫尔西斯（Zamolxis）告诉苏格拉底（Socrates），他那个时代的医生所犯的巨大错误是，将灵魂与身体分离开来。扎莫尔西斯说，尽管医生尽了最大的努力，但不安抚灵魂，治愈身体是不可能的。"

柏拉图认为，如果头部和身体都是健康的，你必须从治疗灵魂开始，这是第一件要做的事。我亲爱的年轻医生们，对患者的治疗必须通过使用某些魅力来实现，而这些魅力是公平的话语。通过这些话语将平衡状态植入灵魂，随着平衡状态在体内的散布，健康将迅速地传递至头部乃至全身。

柏拉图是对的，语言的力量非常强大。如果你表达出自己正在做某事，你能说出来——法国精神病学家帕特里克·莱莫恩（Patrick Lemoine）称此为咒语——它就能创造奇迹。

从莱莫恩的经历中可以得知一个关于咒语的例子，"我打算给你开一些能治疗焦虑的含镁药物。"含镁药物不是治疗焦虑的有效方法，但镁缺乏症会产生类似于焦虑的症状。莱莫恩说，"欧洲临床医生经常开给患者含镁药物，以治疗焦虑症。不过，这是一种治疗焦虑症的奇怪方式。我的病人不仅感到满意，且状态也会变得更好。如果治疗被中断，焦虑症将会复发。"循证医学时代将近250年后，咒语仍然是一股强大的力量。

1954年，发表于《柳叶刀》杂志的一篇论文宣称，"安慰剂效应仅用于治疗'某些缺乏智慧或药物不适的患者'。"现在看来，这几乎是笑话了。据俄勒冈健康科学大学的安·赫尔姆（Ann Helm）认为，"所有医疗处方中，有35%~45%的药物都是安慰剂。"2003年，对近800名丹麦临床医生的调查发现，几乎50%的医生每年会开出10次或10次以上的安慰剂处方，该论文发表于《评估和健康专业》杂志上。2004年，《英国医学》杂志发表了一篇针对以色列医生的研究报告确定，"60%的医生开出了安慰剂处方，超过50%以上的医生平均每月开出1次或者更多。在开安慰剂处方的以色列医生中，94%的人表示，他们认为这些治疗方法是有效的。"

上述治疗药物并非最纯粹的安慰剂——医生不会让你去药房吃糖丸，避免你阅读处方时发现这是糖丸而打破了咒语。是的，医生经常开一些对患者有用的药物——但其治疗用途并非是针对你的疾病。

尽管这种事情非常普遍，但它仍是一种让医学界产生分裂的做法。有些人甚至认为，这是不道德的，甚至是危险的。这是对病人实行的欺骗，还成为了其他医疗从业人员接受安慰剂处方的借口。通常，你的处方得交给药剂师，药剂师需要选择是否和你一起玩这个游戏。发表于《美国制药协会杂志》上的一篇文章甚至为药剂师的角色提供了一个脚本，"当药剂师意识到医生开一个安慰剂处方，他会用这个脚本告诉患者，'一般来说，多数患者使用较大的剂量，但你的医生认为，你使用这个剂量就够了。'"

如果这令你感到震惊，那么，能让你感到安慰的是，你并未卷入骗局，医生和药剂师只是在为你的健康做事。他们知道，你对他们的能力充满信心，否则你就不会来看病了。他们的能力包括了使用安慰剂的相关知识——尽管没人确切地知道，安慰剂为何有效。如果你对医生有信心，那么这种信仰就能使你健康。安慰剂的特性决定了，医生们不得不通过善意的欺骗帮助它发生疗效。这是错吗？关于这个问题的答案从未达成共识。

围绕安慰剂的伦理问题一直争论不休。研究者们一般认为，似乎是化学作用导致了安慰剂效应。典型的例子包括受试者疼痛的治疗方式，最初的研究工作从患者拔牙开始。拔牙时，采取不太激烈的措施是可能的，解决方法是一个小小的欺骗。

这与疼痛病人接受吗啡滴注治疗的情况类似。在患者开始将吗啡与疼痛缓解联系起来后，你可以巧妙地用生理盐水替代吗啡。患者不知道给他们输入的"吗啡"已换成了生理盐水。由于安慰剂效应，他们会说他们的吗啡止痛药物仍在正常发挥作用。事实上，这是一件奇怪的事情，但接下来的事情会更加奇怪。现在，在未向病人说任何话的情况下，将纳洛酮加入输液瓶，这是一种可阻断吗啡作用的药物。那些已没有疼痛症状的患者会报告，他们再次感到了不适。在没有吗啡进入患者体内的前提下，纳洛酮仍然阻断了疼痛缓解。

唯一合理的解释是，阻断吗啡缓解疼痛作用的药物也阻断了生理盐水（安慰剂）缓解疼痛的能力。这意味着，生理盐水确实在缓解疼痛上发挥了作用——安慰剂效应并不全是病人的想象。

当牙医首次使用这个治疗方法时，他们将安慰剂效应归因于刺激导致了人体内啡肽的释放，即通过与吗啡相同的生物化学途径发挥作用的天然阿片类药物。他们总结，期望缓解疼痛足以引发内啡肽的释放，而发挥镇痛作用。理论上，纳洛酮阻断了内啡肽的作用，所以患者的疼痛又发生了。然而，事实证明，真实机制的复杂度远不止于此。

那些曾被认为只是想象力引起的幻想，正成为真实的、可重复的、多因素的生物化学现象。安慰剂效应的效果可以完全缓解疼痛，缓解疼痛的期望可以刺激各种天然止痛的化学物质。酮咯酸是一种止痛药，它通过与吗啡完全不同的化学机制发挥止痛作用。我们发现，用生理盐水代替酮咯酸，同样能发挥缓解疼痛的作用。由于这里的安慰剂的止痛作用并非由内啡肽提供，而是身体内产生的一些其他天然止痛药提供，此处加入纳洛酮则不会使患者感到疼痛重新到来。与止痛药舒马普坦一样，激素的刺激作用也是一个典型例子。有时，这种现象甚至取决于患者期望感受多少疼痛。比如，我们告诉做好了心理准备的病人，他们正接受吗啡治疗，只是其浓度比平时使用的更加稀释（实际上，我们只给他们输入了生理盐水，然后加入纳洛酮）。同样，纳洛酮不会阻止盐水的止痛效果，因为减轻疼痛的期望已触发了一些替代机制。大家认为，"安慰剂效应"或许是一系列不同的效应的集合，每种效应都有独特的生化机制，有时会出现多种效应同时被激发。我们的大脑可以通过多种方式欺骗我们。

尽管这一切似乎完全令人信服——现在，我们确信，安慰剂效应是一个真实的现象——当然，也有美中不足。2001年，两位丹麦研究人员在《新英格兰医学杂志》上发表了一篇具有里程碑意义的论文。阿斯乔恩·霍吉特森（Asbjorn Hróbjartsson）和彼得·哥兹奇（Peter Götzsche）怀疑这种安慰效应的效力。他们查阅了许多文献，包括教科书、期刊论文和杂志文章。此后，他们对一个数字产生了极大怀疑——现有医学文献中的几乎所有观点都认为，如在进行安慰剂治疗的同时告知患者治疗是真实的，35%的患者会变得更好。

最终，他们发现了这个说法的统计学来源：诺尔斯·比彻（Knowles

Beecher)的研究。安慰剂的使用见于1955年出版的《美国医学协会杂志》上。比彻在该文中第一次大声呼吁,在评估药物治疗时应运用双盲、安慰剂对照试验。该文章记录了他对十几项研究的分析——该分析产生了35%这个神奇的数字。

由于上述结论不足以说服霍吉特森和哥兹奇,所以他们进行了荟萃分析。这是科学家在解决问题的过程中,面对一系列相互矛盾的答案时经常需要做的工作。从本质上讲,这是分析先前所有试图回答这个问题的尝试的一种形式化方法。他们检查每一篇文章的质量:实验方法、偏差、统计分析……弄清每组结果的状况,然后按照某种方式将它们放在一起,并根据结果的质量赋予不同的权重。最后,这样的研究对于赞成或反对假设证据的总体权重,提出了一些评价。

霍吉特森和哥兹奇对安慰剂效应的荟萃分析采用了114项临床试验的数据,对安慰剂治疗的患者与未治疗的患者进行了比较。总体而言,约有7 500名患者患有约40种不同的疾病,从酒精依赖到帕金森病。在这些多种疾病患者的主诉中,他们未发现有充足证据表明安慰剂治疗对健康有重大影响。在试验中唯一可能的影响只有"缓解疼痛",但也很难准确确定。霍吉特森指出,"疼痛是一种主观检测指标,且患者通常喜欢取悦医生。很可能,他们报告的痛苦程度低于他们的实际感受。客观指标则不会显示出任何安慰剂效应,如血压、胆固醇水平。"研究人员呼吁医生停止在临床试验中使用安慰剂。他们说:"不推荐在受控的、适当设计的临床试验之外使用安慰剂。"

2003年,霍吉特森和哥兹奇重新开展了上述分析,共采集了156次临床试验和11 737名患者的数据。他们的结果发表在《内科学杂志》上。他们发现,结果与之前完全一样。他们发现,"没有证据表明安慰剂干预通常具有明确的临床效果;也没有证据证明它们具有可靠的临床效果。"他们认为,安慰剂的作用与已证实的现象完全不同,唯一可能的例外只有缓解疼痛。甚至,对缓解疼痛而言,安慰剂的效应也不明确,因为患者报告存在着"医生喜欢的主观偏倚"。研究人员写道,"大多数患者都很礼貌，即使没有感觉到任何改善，他们也倾向于用好报告取悦调查人员……我们怀疑报道存在偏差。"

霍吉特森和哥兹奇的工作受到了人们的尊重，并对我们处理安慰剂的争议产生了重大影响。同时，一些其他同样备受尊敬的研究人员也给出了其他的重要证据，即安慰剂效应是真实的。例如，大脑成像显示了大脑神经传递涉及的路径。2005年，密歇根大学的研究人员用正电子发射断层扫描（PET）仪器进行了检测，其结果显示："当患者得知他们被注射了致痛药物时，下丘脑中的内啡肽系统将被激活。"鉴于部分实验中的受试患者接受故意伤害（通过下颌注射生理盐水），报告偏倚的可能性应该非常低——他们没理由故意报告较轻的痛苦，以取悦进行实验的研究人员。

与霍吉特森和哥兹奇的论著同期发表的一篇杂志社的社论，总结了对前文的总体感受。作者芝加哥大学的约翰·拜拉尔（John Bailar）承认，"他给出的理由是'一些事情似乎应该、也许不科学'，但他仍然认为前两位作者的结论'过于笼统'。"研究实验室做出的实验"可能会模糊安慰剂的实际效果，这在非实验室的环境中将是显而易见的"。然而，解决问题的办法是不成立的——"人们尚不清楚如何研究以及比较安慰剂在实验室和非实验室环境中的作用，因为实验理所当然地需要在实验室中进行。"

也许，对都灵大学的非正式访问可以消除我对安慰剂效应真实性的任何怀疑。

当我问法布里奇奥·贝内德蒂，我可否体验安慰剂对自己的效果时，他并不绝对相信它会起作用。通常，他的团队不会告诉试验的志愿者，他们正进行什么样的实验，因为知道实验内容可能会扭曲结果。在对我进行的实验中，这种情况并未发生。在都灵高耸的圣乔万尼巴蒂斯塔医院下面一个没有窗户的地下室，我一再遭受痛苦。根据我的所有期望和我对他们所做实验的全面了解，医生只能用谎言来减轻我的痛苦。

我参与的第一个实验测量了咖啡因对肌肉功能的影响。按照例行程序，我喝了一小杯冰冷且令人不快的咖啡，测试之前和之后进行的运动。我喝咖啡时，贝内德蒂的同事，穿着白大褂的安东尼拉·波洛（Antonell Pollo）博士告诉了我关于咖啡因如何在体育运动中被禁止使用的故事。她说，"我的姐姐参加射箭比赛。在比赛前，她总被告知不要喝含咖啡因的任何东西。显然，它能增强肌肉功能并给选手带来不公平的优势。"我知道，波洛告诉我的事情，某些地方撒了谎，也许咖啡并不含有咖啡因，也许咖啡因对肌肉功能没有影响，或者波洛在我喝了咖啡后减少了我运动时的负荷重量。故而，我能比喝咖啡以前表现得更好。

实验结束时，波洛将实验内容和盘托出，我喝的咖啡中不含咖啡因。尽管如此，我已充分相信我的能力被增强了，因此我第二次表现更好。波洛看起来很高兴。这个实验其实不严谨——在我参与的这个快速且粗糙的临床试验中，存在很多缺陷。事实上，她并未预料到，该实验对那些已知道发生了什么事的人也有用。

另一位穿着白大褂的医生卢安娜·科洛卡（Luana Colloca）进行了接下来的测试。她拿着一条塑料带走进房间，像是拿着两排纽扣电池，它们是电极。"你能承受电击吗？"她问道。

在得到肯定的答复后，她将电极绑在我的前臂，然后连接到一台计算机上。这台计算机会产生一系列电击，并操纵人的心智。

计算机屏幕通过显示红色或绿色的灯光告诉我——我获得的电击是轻微的还是严重的。这里的欺骗来自条件反射，大脑学习将颜色与特定水平的疼痛预期联系起来。当计算机屏幕显示某种颜色大约5秒后，计算机会给予一次电击。严重的电击（像触摸电网引起的颤抖）显示为绿色，轻度的电击显示为红色。不过，一旦条件反射被建立，屏幕上显示的色彩将能控制大脑对疼痛的感知。

开始起作用了。经过了大约15分钟的条件反射刺激后，最后一轮电击会感觉很轻微，就像触摸手臂一样——无论是红光或者绿光所致。后来，科洛卡告诉我，他们其实一直用的重度电击。按道理，每一次电击都会令我产生像触摸电网的感觉。

从某些方面来说，我不应该感到惊讶。大脑是一个令人惊讶的器官，是一个超级复杂的分子集合体，不断处理着化学信号和电信号——让我们了解我们是谁，以及我们如何体验周围的世界。如果输入的信号可以被仔细控制，那么，为什么不能承认感觉可以被外界操纵？

我们知道，有很多方法可以改变人类大脑的状态和它所监视的身体状态。最明显的有五种感官：切草的气味能唤起特定的记忆状态；巧克力的味道促进 5-羟色胺释放；爱人的触摸和大眼睛小狗的凝视将使我们释放出催产素分子，这种激素分子将我们与伴侣、孩子（或我们的狗）联系在一起；尖叫的声音导致我们血液中的肾上腺素浓度飙升，让我们准备战斗或者逃跑。

电信号也可以绕过身体的意识控制。例如，可以在帕金森病患者的下丘脑植入微芯片，停止其震颤。贝内德蒂是一位经验丰富的神经外科医生，他能做这种植入手术。这种手术不仅可以帮助帕金森病患者控制运动，还提供了调查安慰剂效应神经机制的工具。如果告诉患者，植入他们体内的种植体设置已经改变，会让他们的动作变得更加难以控制，他们会以蜗牛的速度做任何事情。如果告诉他们相反的情况——电极现在设置为最佳运动状态——突然间，患者的运动将变得倾向于正常。帕金森病患者对运动控制改善或恶化的期望发生了变化，导致他们的行为跟着变化。如果告诉他们，他们的运动将会受损，他们的运动能力则会真的受损。这不仅是因为积极的想法可以给他们带来变化，更是因为来源于积极想法产生的化学信号或电子信号。

贝内德蒂的研究已明确表明了这点。肌肉僵硬和震颤等典型的帕金森病症状是由大脑特定区域，丘脑底核产生的爆发性信号引起的。注射药物阿扑吗啡可将过度活跃的神经核团恢复至接近正常水平，并消除产生的僵硬和震颤。贝内德蒂的研究小组接收并治疗了一群患者。这些患者已在丘脑底核植入了电极，并注射了几天阿扑吗啡。然后，医生将给他们注射的药物换为生理盐水——仍告诉患者，注射的药物可缓解他们的症状。这的确起作用了,他们通过植入的电极测量发现,丘脑底核的神经元活性降低了。这样看来,安慰剂效应的机制全部位于大脑中——重要的是,它是真实的。

安慰剂效应真实存在,且正在逐渐转变为医学中相当于暗能量的东西:一种可重复的、可测量的现象,但仍可能被证明是一种幻觉。根据最高质量的临床数据进行的广泛分析表明,它可能不存在,至少不是大量存在。但即使对所发生的事情有充分的了解,我发现自己仍无力抵制安慰剂效应,我震惊于有时糖丸也能成为一种有效的治疗方法。我们可以用心灵技巧、大脑植入物或化学药物鸡尾酒疗法来产生安慰剂效应,并在脑部扫描中看到安慰剂效应发挥作用。虽然有些科学证据表明,安慰剂效应是个神话,或者是我们被什么误导了,但也有不少的证据指向了另一面。

临床研究表明,让病人知道你正在给药,你偷偷地将吗啡用量减半也能达到同样的治疗效果。告诉患者正在给他们注射止痛药——实际给他们注射的是生理盐水——可以获得与注射 6~8 毫克吗啡同样的效果。美国国立卫生研究院的研究发现,如果让临床恢复中的可卡因滥用者知道自己摄入了药物,那么,即使一半的剂量也非常有效——期望是一件强有力的事情。

现在,我们回到地西泮现象。偷偷地给予患者地西泮治疗,地西泮不能发挥作用。现实是,地西泮加上期望产生的一定剂量的"期望化学物质"共同发挥作用。"期望化学物质"本身就很好,再加上地西泮混合其中,你将真正进入享受状态。

然而,这些"期望化学物质"也有黑暗的一面。贝内德蒂和科洛卡已经开始警告,安慰剂研究可能会被用于可疑的目的。今天,我们只涉足了安慰剂研究的科学领域;同时,人们清楚,安慰剂研究像遗传学一样可能是个浑浊的池塘。"……安慰剂研究有潜在的负面影响,"他们在发表于 2005 年的《自然评论》杂志的文章中写道,"如果将来的研究能全面理解人类思维的暗示机制,那么伦理辩论将变得非常必要。"

特别是在反安慰剂效应的作用下,故意诱发焦虑会使疼痛恶化。贝内德蒂是少数能研究这种现象的人之一,如果研究安慰剂对医生造成了道德困境,反安慰剂效应会将其加倍。

反安慰剂效应的意思是"我会受到伤害"。在一项反安慰剂效应研究中,研究者在给予受试者这种无害的药物时,会说一些加重患者焦虑的话,如,"这真的会让你感觉更糟"。这句话被临床证明为有用。贝内德蒂已在使用反安慰剂经验。但是,哪个道德委员会批准了旨在通过对患者撒谎以使他们更不舒服的方案?没有!这就是贝内德蒂必须依赖于愿意接受痛苦的有偿志愿者的原因。

该实验始于1997年。当时,贝内德蒂和他的同事们正测试一个通过焦虑使疼痛变得更糟的想法。他们给一组正从手术疼痛中康复的患者注射丙谷胺———一种阻断胆囊收缩素(CCK)(CCK是一种与焦虑相关的神经递质)作用的化学物质。然后,他们给这些患者一个惰性药丸,并告诉他们,这会让他们感觉更糟糕。但事实并非如此,当CCK的功能被阻止时,患者的反安慰剂效应不能被诱发。

这是一个很好的实验结果,但缺乏科学性———没有设置对照组,即没有设置未使用CCK阻断剂丙谷胺的患者对照组。事实上,患者确实感到焦虑带来的额外不适。不幸的是(对于贝内德蒂来说不幸,而不是对于患者),对照组没法获得伦理委员会的批准。

贝内德蒂花了近10年的时间才获得后续研究的批准,并找到了参与的志愿者。2006年底,他的团队发表了一篇文章,表明我们(或者说我们的神经递质)可以将焦虑转化为痛苦。志愿者接受了一个常规治疗,包括止血带、注射剂和一个口头警告。当贝内德蒂的研究团队采集志愿者血样时,口头警告他们疼痛会增加,并告诉他们如何评估自己的疼痛程度。血液样本给研究人员提供了他们想要的东西,结果证明,丙谷胺阻断了我们体内将焦虑的化学信号转化为过度疼痛的信号通路。丙谷胺是唯一获批用于人类的CCK阻断剂,但它并不特别有效。当研究人员设法开发出疗效更好的药物时,他们将丙谷胺与麻醉药混合,通过后者缓解患者生理上和心理上的疼痛。尽管反安慰剂看起来有些黑暗——人们可以想象到，它被利用来产生额外的焦虑，例如用于在审讯中产生痛苦——但它仍然具有积极的应用价值。

现在我们知道，安慰剂效应是把双刃剑。尽管根据霍吉特森和哥兹奇的研究结果，安慰剂似乎无可否认地非常有用——但它也带走了我们的确定性。我们无法分辨药物的化学成分对我们身体生物化学过程的影响，因为即便只是针头靠近我们身体，体内的生化环境也会发生紊乱。贝内德蒂说，"这与物理学的测不准原理非常相似：只要你测量某些东西，它的状态就一定会遭到干扰，所以，你永远也无法确定自己的测量是否准确。"因此，我们可能不得不重新设计药物试验。

我们对安慰剂效应的逐渐理解意味着，我们可能需要重新解释我们所有的制药数据。在某些情况下，临床试验结果似乎是无效的，或者至少需要再加一点生理盐水才能变得有效。这需要长达几十年的时间来完善我们的临床试验过程，且需要非常多的钱——胆小鬼可不能改变人们长期存在的思维定式。科洛卡和贝内德蒂写道，"我们对安慰剂认识上的这些革命'将引导人类生物学的基本认识'。"毫无疑问，在医学的这种根本性变革中，安慰剂的异常将会引起库恩式的范式转换。

从富兰克林时代开始，药物测试实验就进展得非常迅速。现代最佳的实验方法是随机对照试验，一大群人在完全随机的基础上分组（通常分成两组）。一组患者将给予药物治疗；另一组患者会得到看起来相同，但生理作用完全惰性的东西：安慰剂。随机化的目的是尽可能减少各组之间的自然差异，从而能最大限度地发现安慰剂不具备而药物具备的某些效果的可能性。两组之间的系统误差，如性别、年龄、预先存在的健康问题、身体健康状况的自然波动等都要求要一致。如此，各组间的实验结果的主要差异则完全与药物相关。

然而，仍有其他一些因素会起作用，这就是为何我们还需加选盲法。显然，客观地说，我们不能让患者知道自己得到的是待测药物还是安慰剂。要做到这点，单盲的方法是不够的，给予药物的医护者很可能在无意识的状态下用非语言的方式向患者提供了线索。因此，双盲的方法变得非常必要——不仅不能让患者知道，医生和护士也不应知道哪些是安慰剂。

这种双盲的随机对照试验被认为是判断药物是否有效的最佳方法，但也有可供改善的细微之处。为此，在研究中，他们增加了第三组人群以提供帮助——一个不接受任何治疗的群体。我们要考虑一个问题，当症状越来越严重时，患者很可能寻求医生的帮助，任何后续行动都可能改善其健康状态。一个不接受任何治疗的人群将帮助我们解决这个"均值回归"的问题。同样，还有疾病的"自然病程"问题（患者症状的正常演变），例如，头痛的发生和消失。如果病人在自发性疼痛发生之前服用了安慰剂以减少疼痛，那么实验结果可能会发生偏差。观察一个未经过治疗的对照组，应能将这个效应考虑进去。

尽管如此，仍然存在一些微妙的影响，就是再小心也没法避免。一旦患者知道了，他们可能正服用安慰剂，实验结果将被大概率偏离。告诉他们药物的可能效力也会使实验结果发生偏离。患者对自己处于药物实验的安慰剂组或者待测药物组的评估，也会影响他们对药物的反应。有两项试验（一项是针对帕金森病患者的治疗，一项是针灸疗法）的报告指出，"'知觉任务'对患者的影响比提供的治疗更有效。"

考虑到上述我们列出的所有因素（以及其他因素），美国国立卫生研究院正赞助许多不同的研究小组，以寻找测试药物疗效的新方法。由哈佛医学院的科研人员领导的一个研究小组正尝试使用"等待列表"的方法，即设置一组不接受治疗的对照组。另一种正在推进的方式是用隐藏治疗（秘密治疗）与公开治疗的结果作比较。

到目前为止，这些试验已取得了相当惊人的结果。例如，公开给予止痛药安乃近，比术中隐性给予能更好地缓解术后疼痛，所有公开使用药物导致的疼痛缓解都与安慰剂效应有关。当研究人员给另一组患者注射止痛剂丁丙诺啡时，也确实起到了缓解疼痛的效果，但没有公开注射的效果好或者生效快。事实证明，丁丙诺啡可以起镇痛作用，但加上安慰剂效应的疗效可以发挥得更好。这种试验可以让生理学家看到药物加上安慰剂的总效应，也可以帮助他们减少具有潜在毒性或致瘾性物质的使用剂量。

2001年对抗抑郁药物试验的一项研究表明，虽然药物效能正在增加，但安慰剂的使用率上升得更快。背后的因素多种多样，一个重要来源是，我们的社会对药物有效性的认识和信念的改变。

在临床治疗中，我们是否应忽视霍吉特森和哥兹奇的研究结果，并鼓励临床医生继续就治疗方案向我们撒谎？

卫生工作者可能不喜欢下面这种说法，即医学的未来将更多地依赖于想象力的治愈力。医生会严肃认真地保护你的健康，挽救你的生命，但他们本能上都倾向于抗拒安慰剂效应。安慰剂效应确实造就了许多奇迹，但也有局限性——不能治愈癌症，不能减缓阿尔茨海默病或帕金森病的发作，不能使受损的肾功能恢复正常，不能防止疟疾。现实中，许多患者已涌向了那些提供"补充疗法"的治疗师，后者在不经意中使用了安慰剂效应。同样地，对于其他一些患者，他们的家庭医生事实上也会有意识地在适当的情况下采用与前述相同的治疗方法。

生活中，当患者发现"补充疗法"的补充效应消失时，他们会重新拜访医生，申请得到"替代疗法"。事实上，这非常危险。如果患者的补充效应并非来源于安慰剂效应，则可能存在潜在的威胁，甚至殃及生命。在公开的环境下使用安慰剂，找到一种方法使其成为医生军械库中的被认可的工具，我们才能在有效的、合理的医学范围内拯救患者的生命。我们必须承认，至少目前，还未达到我们想要的理性状态。

这将把我们带入最后的主题。一些人或许会认为，它没有资格与前面的主题并列。前文中，我们提出了关于安慰剂效应和临床试验的问题，事实上，它们都与科学上最不受欢迎的一种异常现象有关——顺势疗法。

13 顺势疗法

它是荒谬的，为何不消失？

一个富有洞察力的智者曾说，"历史学家在幻想中工作，他们认为自己在描述过去。实际上，他们正在解释现在。"对研究科学史的历史学家来说，它一定是双重的。我们一次又一次地经历这些异常现象，让我们不得不深入研究历史，以了解当代科学正在发生什么，未来可能会发生什么。最后一个异常现象表明，这种洞察力特别强大。

17世纪末发明的顺势疗法在今天比以往更受欢迎。据世界卫生组织称，它已成为包括德国、英国、印度、巴基斯坦、斯里兰卡和墨西哥在内的一大批国家卫生保健系统的组成部分。伦敦的皇家顺势疗法医院是英国全国健康服务的组成部分，员工数量达到了惊人的6 000人。世界上，40%的法国医生、40%的荷兰医生、37%的英国医生、20%的德国医生使用顺势疗法。1999年开展的一项调查显示，在12个月的时间里，有600万美国人接受过顺势疗法。最大的问题是：为什么会这样？我们使用已知的科学研究标准评估顺势疗法，会发现它基本无法工作。难怪维多利亚女王的家庭医生约翰·福布斯爵士（Sir John Forbes）称其为"对人类理性的愤慨"。

虽然顺势疗法有几种不同的方式，但通常是首先通过相似性原理寻找治愈方法，即治疗药物应是那些使患者产生所患症状的物质。然后，这种治疗药物会被稀释在水或酒精中，一直稀释到拿给患者的溶液几乎不含原始药物的分子。尽管如此，它已被每次稀释的反复震荡或撞击"赋予能量"。事实上，顺势疗法人士认为，这种超稀释溶液在治疗疾病方面比原有的未稀释药物更有效。

对大多数科学家来说，这听起来非常荒谬。稀释过程的统计数据说明了原因。一种典型的顺势疗法稀释过程是将1份药物与99份的酒精或水（取决于该物质是否溶于水）的比率混合。此后，这个过程被重复，取1份稀释液再溶于99份的酒精或水中。不断重复该过程，通常需要稀释30次——这种方法也称"30次稀释法"。这意味着，如果你最初是在15滴水中溶解少量的药物，最终将得到体积比地球大50倍的水球（实际操作时，我们无须对每份新液体都稀释，以免地球也无法容纳）。不过，这带来了一个重大的科学问题——分析顺势疗法药剂师销售给你的几毫升药物，化学计算表明，它几乎没有机会含有原始药物的单个分子（数学上的概率为无限小）。

如果你知道一些化学元素的分子量——可以以碳元素为例——高中化学的基础知识会告诉你如何计算样本中的原子。例如，1克碳含有5×10^{22}个原子。这个数字听起来，似乎很大，5的后面有22个0。然而，按顺势疗法的要求，经过30次稀释后，几乎不会有什么原子被剩余。如果你最初滴入的是15滴液体，那么，在这几毫升的药物中，含有单个原子的概率不会超过千万分之一。由于单个碳原子不能被切分（至少，这种方法不能切分原子），所以能肯定地说，在数学上，最后的溶液不含1个碳原子。标准的科学解释是，药物效应是通过药物分子与人体生物化学物质相互作用而获得。这意味着，你体内必须存在药物分子，它才能发挥药理作用。然而，通过前面的介绍，我们知道，顺势疗法不存在药物分子。根据任何已知的科学规律，此时的药物分子不能以任何方式与你身体内的生物化学物质相互作用。

虽然顺势疗法的创始人塞缪尔·哈尼曼（Samuel Hahnemann）知道这点，但他说，"这与化学无关，是放入水中的药物带来了'能量'。"由于这种"能量"在科学上不为人知，显而易见的结论是，"如果顺势疗法有效，那么，它不应该强于安慰剂。"

反驳上述观点的第一个科学实验来自于法国免疫学家雅克斯·本维

尼斯特（Jacques Benveniste）的实验室。1988 年，本维尼斯特说服《自然》杂志发表了一项实验的细节，该研究表明，"水已被溶解在其中的药物分子永久改变了。"该杂志同意发表该文的条件是在独立实验室中重新进行实验，重复实验在马赛、米兰、多伦多和特拉维夫的实验室完成。实验结果发表以后（有免责声明），《自然》杂志要求再次进行验证，这次是在三位独立证人见证下完成的（进行了更仔细的审查）。《自然》杂志的编辑约翰·马多克斯（John Maddox），魔术师兼专业怀疑论者詹姆斯·兰迪（James Randi）和化学家兼科研诚信审核专家沃尔特·斯图亚特（Walter Stewart）在本维尼斯特的巴黎实验室待了一周。这是一个非凡的故事，简短的说法是，三位专家发现本维尼斯特被他的助手欺骗了，他的助手正在挑选数据以寻找对顺势疗法药物有帮助的证据。

随后，《自然》杂志发表了对该论文的批评。本维尼斯特极力反击，并认为这是麦卡锡式的政治迫害，但他最终仍然饮下了自己酿的苦酒。接下来的一年，法国国立卫生研究院批评他的轻信，他的实验结果空洞无物，以及他对科学权威的滥用。在《自然》杂志事件发生的两年后，本维尼斯特遭到了解雇。

情况基本上就是这样，直到马德琳·恩尼斯（Madeleine Ennis）参与其中。恩尼斯是贝尔法斯特皇后大学的免疫学教授。她对顺势疗法和本维尼斯特的工作非常认可。当她在一篇已发表的顺势疗法试验中表达这点时，一家顺势疗法药物制造商邀请她加入一个团队，复制那个结果。她答应了邀请，期望增加针对顺势疗法的证据。实验结束后，她宣布，"自己感到结果十分令人难以置信。"《卫报》引用她的话，"尽管我对顺势疗法有所保留，但结果却迫使我暂停自己的怀疑，并开始寻找对其的合理解释。"

恩尼斯本质上是对本维尼斯特实验的复制，在意大利、比利时、法国和荷兰的 4 个不同的实验室开展。恩尼斯的证明并非实验结果可靠性的唯一保障，顺势疗法的解决方案（以及对照组的设置）由 3 个未参与实验的、独立的实验室准备。在那些用于治疗的药物溶液中含有组胺分子,更确切地说,是曾经含有组胺分子。

任何发生过花粉热的人都知道组胺的力量,这是一种免疫系统反应,会产生荨麻疹,伴有疼痛、瘙痒、肿胀、呼吸缩窄、流鼻涕、流眼泪。所有这一切都是由你血液中含量很少的一些小分子物质引起的。每滴血液含有约 15 000 个白细胞,其中有约 150 个被称为嗜碱性粒细胞。嗜碱性粒细胞内含有的微小颗粒中就有组胺。

组胺对嗜碱性粒细胞也有很强的生物学作用。在嗜碱性粒细胞释放组胺后,细胞外环境中的组胺分子可以阻止嗜碱性粒细胞进一步释放组胺。这种效应对恩尼斯的实验结果至关重要。

制备超稀释组胺溶液的实验,我们将含有水的试管和含有稀释的组胺试管送到实验室进行实验。组胺稀释溶液就是顺势疗法常规使用的那种药物,其容器中已没有了组胺分子。事实上,已无人能确定哪瓶是水或者顺势疗法溶液。实验中,研究人员将嗜碱性粒细胞染成蓝色,然后将这些有色颗粒与免疫球蛋白 E 一起放入试管。免疫球蛋白 E 可引起脱颗粒反应,导致蓝色的颗粒在细胞中消失——脱出的颗粒释放出组胺。

在加入水的试管中,这是正常发生的事情。但当研究人员将色素颗粒和免疫球蛋白 E 放入超稀释组胺溶液时,脱颗粒反应未发生。看来,在顺势疗法溶液中,组胺"鬼魂"的存在阻止了脱颗粒反应。

三个独立实验室的结果产生了具有统计学意义的结论。第四实验室出了一个阳性的结果:与纯水溶液组相比,组胺溶液确实更能抑制脱颗粒反应,但数量不足以支撑统计学结果。

恩尼斯对结果并不满意,因为研究人员通过目测确定哪些嗜碱性粒细胞仍然具有蓝色这个操作可能出现偏见。鉴于此,她要求他们做一个不同的测量,一个可自动化的测量。如此,研究者中的信徒也不能扭曲实验结果——包括避免无意识扭曲。她给嗜碱性粒细胞"标记"了抗体;如果这些细胞的组胺分泌受到抑制,它们会发出荧光。然后,可用光敏探针对发光的细胞进行计数。最后的实验结果与此前的完全一致。

《炎症研究》杂志发表了他们的实验数据并得出结论,"组胺溶液无论是药理学浓度还是稀释到无法检测的浓度,都对免疫球蛋白 E 导致的嗜碱性粒细胞活化具有显著的抑制作用。"

恩尼斯并不认为自己的实验结果解决了这个问题——这只是一项小型研究,研究结果未得到多数人复制。在一个著名的尝试中,一组科学家在英国广播公司"地平线计划"节目中未能复制出恩尼斯的实验结果。恩尼斯出现在了那次节目,但她后来远离了该实验研究,并说那个实验的流程还存在一系列的缺陷。伯恩大学的阿德里安·古吉斯伯格(Adrian Guggisberg)及其同事也未发现组胺稀释的顺势疗法具有任何效果。瑞士的研究团队对实验的流程和结果进行了分析,并发表在 2005 年《医学补充疗法》杂志。该研究发现,实验条件的微小变化可能会导致不同的显著结果。各样的条件都可能会影响实验结果,例如制备嗜碱性粒细胞的温度以及制备顺势疗法溶液提前了多少时间。

根据该论文的结论,顺势疗法在伯恩大学的一项主要研究结果中出现阳性结果:因为实验结果是否有效可能得取决于献血者的个体差异。有观点认为,"顺势疗法是以个案为基础的,它会在某些人身上产生治愈效果,而不是全部。"当顺势疗法的临床试验出现阴性结果时,该观点一直是顺势疗法支持者的主要借口。顺势疗法未产生显著治疗效果时,信徒会回应,"顺势疗法处方是个复杂的过程,要治疗疾病必须考虑人格和生理的所有其他方面。对疾病的正确治疗方法取决于许多因素。"寻问一位顺势疗法治疗师,如何治疗耳朵感染。治疗师会问,"被感染的是哪只耳朵?因为人的身体不是对称的——肝脏、心脏就与肾脏不同,离中心线较远,且没有镜像对称的器官。"简单说,影响身体一侧的疾病与影响另一侧的疾病具有不同的性质,哪怕你的两只耳朵看起来没什么区别。

对于科学家来说,这是一个无法测试的实验。所以,几乎所有的科学家都认为顺势疗法不可行,即使某个科学家承认了存在相反的证据。

在《安慰剂》一书中,迪伦·伊文斯(Dylan Evans)将顺势疗法的成功归功于安慰剂效应。他强调,"仅是因为一项研究产生了一个与其原理相冲突的结果,就抛弃整个物理学、化学和生物学的知识体系——这些学科的知识实际上得到了数百万次实验和观察的支持——这一定是愚蠢的。"马里兰大学的怀疑论者罗伯特·L.帕克(Robert L. Park)使用了相同的论点,他说,"如果无限稀释的概念受到支持,那么,它将迫使人们重新审视科学体系的基础。"

这是真的吗?如果超稀溶液可以对生物体产生效应,这是否会让科学从头来过?不会的!科学原理仍然在继续发挥作用,数以百万计的实验和观察可以用科学原理来解释。如果顺势疗法结果正确,那么,以前的很多结果也不会改变。比如,我们对水的微观特性的信息就知之甚少。

我们对液体的研究还不够深入,固体的研究相对容易。几十年来,利用 X 射线衍射等技术探测固体的结构已成为可能。这也是弗朗西斯·克里克(Francis Crick)、詹姆斯·沃森(James Watson)和罗莎琳德·弗兰克林(Rosalind Franklin)研究 DNA 结构的方法。他们将 X 射线从晶体上弹开,然后解释所得到的规则的 X 射线图案,揭示了原子的规则排列方式。这里的关键词是"规则"。液体的原子排列方式不规则,今天的我们无法探测不规则的微观结构。

化学家们认为,在没有外部影响的情况下,液体的结构或许很相似。化学键应该可以自我排列,以便排列成压力最小的模式。但是,在波动的温度下,会发生什么?或者,如果存在高压液体区域,会发生什么?或者,在电磁场中,会发生什么?在一个水壶中,是否一些区域中的水相当有序地存在,而其他地方混乱地堆积?水分子是否与水壶玻璃壁中的分子存在相互作用?我们均不知道。

我们所知道的是,水是一种奇怪的液体。穿过国会大厦,距离泰晤士河棕色的软泥一箭之遥的是世界上著名水专家的办公室。伦敦南岸大学教授马丁·卓别林(Martin Chaplin)的职业生涯专注于研究潮湿的东西及其科学属性。水分子有多少种异常形态?卓别林说,"至少 64 种。"

学术界认为,这种奇怪的异常形态大部分来自水分子之间存在的弱相互作用键。水分子中的氧原子具有一对未与氢原子键合的电子。因此，其负电荷会被其他水分子氢原子中的正电荷所吸引。

虽然这些被称为氢键的化学键在室温下很脆弱，但它们在水分子之间相互作用的时候，不断被破坏并重新形成——氢键的存在形成了水的许多独特性质。事实上，氢键的特性造就了你的存在，水的氢键使地球适合人类居住。例如，氢键使水成为唯一一种在冷冻时膨胀的液体，这意味着冰不会沉入海底。如果水在这方面的性质与其他液体一样，海洋会被冻结成固体，只有顶层被阳光融化，复杂的生命将无法存活。

水的性质在我们称之为生命的现象的背后发挥了直接且重要的作用。当《自然》杂志邀请卓别林撰写关于水在生物学中作用的评论时，他以一个相当挑衅的陈述开始，"是时候写点什么了，水作为所有生物分子中最重要且最活跃的分子，必须占据其应有的位置。"

卓别林是竞选协调员，他的工作是让人们承认水在我们这个世界的角色。他的评论文章读起来像政客的演说。卓别林说，"研究其他炫目的生物分子可能是时髦的，但水分子才是所有生物分子的关键。在蛋白质（人身体内主要的功能单位）折叠成具有特定形状并发挥作用的过程中，通过氢键提供静电吸引力的水分子是完成该过程的必要组成部分。此后，当蛋白质分子的构象形成，水分子开始充当润滑剂，它的氢键允许蛋白质随它的功能变化而弯曲。对蛋白质分子来说，水与多肽链上的氨基酸一样重要。"

在 DNA 分子中，水分子与碱基对形成静电连接，水分子的取向随着碱基组成和顺序而变化。正是由于这种水分子的结合模式及其产生的电场，使蛋白质（用与其自身结合的水）接近核酸分子并结合正确的碱基对——该过程快速而准确。因此，水在处理 DNA 信息的过程中至关重要，它处于生命现象的中心。"液态的水在生命剧场中不是一个'小角色'，而是占据的主角位置，"卓别林说，"水可以作为单个分子、小团簇、较大的网络结构，或作为液态相而发挥作用。水分子可以具有不同的'个性'。"

例如，1998年，卓别林正研究分子间的吸引力如何引起水分子形成分子团。他的计算结果表明，水可以很好地存在于280个分子簇中，形成一个二十面的立体结构，每个面都是等边三角形。我们知道，这个形状就是一个二十面体。巴克明斯特·富勒（Buckminster Fuller）将其作为自己测量设计的基础，同时，我们也看到了它的本质。许多病毒就采用了这种形状，因为它是包装病毒蛋白质最有效的方式。

有趣的是，立体形状与水有着古老的联系。希腊哲学家柏拉图确定了五个"完美的固体"，并将其与组成宇宙的元素和宇宙的形态联系在一起。他将立方体称为"土"，将四面体称为"火"，将八面体称为"气"，将十二面体称为"宇宙"。对柏拉图而言，"水"是二十面体。更令人惊讶的是，2001年，在卓别林第一次提出水分子团可能存在这种形式的3年后，德国研究人员组成的团队在百万分之一毫米左右的微小水滴中看到了这种形状。

二十面体只是水分子聚集的多种方式之一，还存在着五聚体、八聚体、十聚体，以及类似于冰结构的七边形和六边形……二十面体只是水聚集体结构中的一种。2004年，川本太郎（Tatsuhiko Kawamoto）和他的同事在《化学物理杂志》上发表了一篇论文，表明当挤压或冷却一个水体时，它会变成不同的珠子，每个珠子的特征会与周围的珠子略有不同。它就像一个鹅卵石海滩，从远处看，岸边光滑且连续。但当你跳下长廊时，会发现自己在不同颜色、粗糙度、形状、硬度和大小的石头上行走。川本发现，水体中所有这些差异的根源在于将水分子彼此弱连接的氢键。这些化学键中的每一种都以不同的方式回应外界压力，就像岸边的鹅卵石以不同的方式被波浪冲击，并以不同的速率被侵蚀。水体中的氢键也会各自地作出反应，形成了大量不同结构的水分子"聚集体"。

水的异质性的进一步证据出现在2004年。当时，由斯坦福大学物理化学家安得斯·尼尔森（Anders Nilsson）领导的科学家团队在《科学》杂志上发表了一篇论文，文章显示水分子的结构可以以链式和环式的形态存在。水体的组成远比一整个海洋相同的水分子更加有趣。事实上，根据研究的证据，如果认为水体是由纯水分子组成的，那会显得非常幼稚。

并不是说，上述现象就是顺势疗法的证据。大多数科学家都不愿意通过水分子聚集体的结构来解释顺势疗法。自从本维尼斯特宣布其研究结果并随后证明其结果有误以来，该研究领域一直受到玷污。可能有人会说他是顺势疗法领域的庞斯与弗莱希曼，但没人愿意分享他的命运。事实上，平行线越走越远。因为人们试图通过水分子团的复杂性来解释顺势疗法的想法，跟那些试图解释冷聚变的理论一样，都是不能令人满意的。

尽管如此，还是有人试图解释顺势疗法的工作过程。迄今为止，最好的研究可能是2005年在《材料研究创新》杂志上发表的一篇论文。乍看之下，这篇文章的四位作者构成了一个令人印象深刻的阵容：宾夕法尼亚州立大学材料研究实验室创始人鲁斯图姆·罗伊（Rustum Roy）、宾夕法尼亚州立大学助理教授理查德·胡佛（Richard Hoover）、斯坦福大学前材料系主任威廉·提勒（William Tiller），以及亚利桑那大学研究医学、精神病学、家庭和社区医学、公共健康领域的教授艾丽丝·贝尔（Iris Bell）。

该论文大部分为文献综述。文章指出，材料的结构控制着它的特性，而不是其组成成分。不同形式的碳元素可以呈现出显著的差别——石墨是一种软质的润滑剂，钻石则是坚硬的固体——使得这点非常容易理解。在水中存在多种结构（他们引用了马丁·卓别林的观察结果，即水体中已被发现存在着由2到280个分子组成的分子簇），这表明许多种不同性质可能同时出现在一个液体中。作者指出，在所有液体和固体中，水在其不同结构之间的转换是最容易的。

不过，论文最引人注目的是关于晶体外延附生的讨论。晶体外延是一种广为人知的现象，其结构信息从一种材料转移到另一种材料而未有物质的转移或化学反应的参与。在半导体工业中，硅晶片的生长方式就提供了例子。将固态晶体（通常是一块砷化镓，呈玻璃态或陶瓷态）放置在溶解有硅的液态镓溶液中。通过控制温度条件，你能使硅原子缓慢地从溶液中析出并沉积在晶体的顶部。晶体外延附生方式（溶液中的硅原子附着在哪里）以及晶格结构如何形成皆取决于原始基底晶体的外层结构。衬底原子的间距和晶格结构的取向将有效地决定新的硅晶体如何形成，这个过程被称为液相外延。此外，来源于蒸汽的沉积，也被广泛用于半导体制造。如果你有一台电脑、起搏器或高科技烤面包机，至少有一个组件是使用晶体外延方式生产的。

鲁斯图姆·罗伊和他的同事指出，放置在水中的原始药物可能对顺势疗法稀释用的水（或乙醇的水溶液）具有类似的外延效应，从而改变溶剂的分子团结构。随着溶液的进一步稀释，这种改变的结构可能会被一直传递下去，尤其是通过溶液振荡。他们认为，振荡过程产生的高压可能给溶剂分子打上了结构的"印记"。由于结构决定性质（非由组成决定），因此，最终溶液中原始药物分子的缺失已变得无关紧要。

就这点而言，产生"记忆水"的一系列可能机制是有趣的。不幸的是，罗伊和他的合作者在撰写论文时未考虑电磁场和人类意图的影响（他们称其为"微妙的能量"）。事实上，这两者具有推翻他们观点的作用。

参与撰写这篇论文的研究团队可能具有令人印象深刻的学术背景，但也有理由对他们的观点持保留态度。除了理查德·胡佛先生外，研究团队都具有科学研究的开放思维，有理由认真对待顺势疗法。

例如，罗伊拥有多个名誉教授的头衔，并在受人尊重的众多期刊上发表了诸多文章。他收到过日本天皇颁发的研究奖章，甚至还有一种锈螨以他名字命名。同时，罗伊在专业上与狄巴克·乔布拉（Deepak Chopra）都具有负面影响，至少他们声称水的量子性质可以治疗疾病的说法非常可疑。罗伊主张将银用作抗生素，这种主张多次从受害者那儿骗取钱财——包括那些出售含银制剂的人。这些人通过销售从损伤患者身体的治疗中获利，并遭到了美国食品和药物管理局的处罚。罗伊还认为（并且在这篇论文中鼓吹），像某些所谓大师那样的治疗者的自觉意志也能改变水的结构。提勒发表文章声称,"弱磁场可以改变生物材料的性质和水的 pH 值,人的意图也可以改变 pH 值、影响电路,以及改变空间的性质。"艾丽丝·贝尔则是整体医学和替代医学实践的热心倡导者。

任何人都想追求顺势疗法吗?这种疗法值得我们关注吗?显然,数百万人认为"是的",也正在采用顺势疗法治疗疾病。还有一个事实是,确有公共资金提供对它的研究。一些科学家,例如理查德·道金斯(Richard Dawkins)曾大声疾呼,"国家的税收正在资助骗子的行为。"他们是否有权对此感到愤怒?回答这个问题取决于另一个问题的答案:"顺势疗法是否有效?似乎,答案和问题一样简单。"

2005 年 8 月 27 日,《柳叶刀》杂志宣布"顺势疗法结束了"。文章宣称,"顺势疗法不能再提出有任何疗效的说法,医生需要大胆和诚实地向病人讲解顺势疗法缺乏益处。"该社论发表的原因是因为同一期杂志上热烈刊登了一篇文章,伯尔尼大学的商艾京(Shang Aijing)对顺势疗法进行了荟萃分析。该研究宣称,"顺势疗法的效果并不比安慰剂更好。我们在安慰剂试验的荟萃分析中已发现,安慰剂效应可能是个神话,那么,顺势疗法也可能如此。"

这种情况一直持续到大约一个星期之后读者信件开始登出时。

尽管作者声称,他们的分析给顺势疗法的棺材钉上了最后一颗钉子。但不得不说,有些科学家——他们并非顺势疗法的拥护者——对《柳叶刀》杂志发表了这样一个"有缺陷"的研究感到震惊。1997 年,克劳斯·林德(Klaus Linde)和韦恩·乔纳斯(Wayne Jonas)也在《柳叶刀》杂志发表了关于顺势疗法的医学文献的类似分析,但他们对商艾京的研究提出了抱怨。他们说:"我们也认为顺势疗法是非常不可信的,然而商艾京提取来自安慰剂对照试验的证据并不确定。此外,商艾京和他的合作者陈述以及讨论他们结果的方式,以及《柳叶刀》杂志对文章的审查存在巨大的问题。"

他们首先指出,商艾京的研究小组并未遵循公认的荟萃分析报告指导原则。他们遗漏了检验的试验细节,并轻易排除了需要审查的试验细节。林德和乔纳斯说,"在一篇得出如此强烈且明确结论的论文中,这种细节的缺乏是'不可接受的'。"根据1999年《柳叶刀》杂志发布的标准,此类研究论文应遭到拒绝。

另外一个严重问题在于,商艾京的研究汇集的是来自不同疗效试验的数据——不同类型的顺势疗法,治疗不同种类的疾病,得到不同种类的治疗效果(缓解疼痛、控制感染、减轻炎症)……如果顺势疗法确实只是一种安慰剂,那也没关系,因为所有试验都有效地衡量同一种反应。1997年,林德和乔纳斯开展的研究就是按照这种假设收集的数据。自那时以来,一些研究在特定病例的治疗中发现,顺势疗法的疗效优于安慰剂。如果这些研究的结果是真的,那么,商艾京收集研究数据的方式将使整个分析失效,因为这种方式从根本上扭曲了统计数据,具有产生假阴性结果的显著风险。

最后,由于商艾京和合作研究者减少了那些值得关注的试验,这个荟萃分析最终只研究了8个顺势疗法临床试验。林德和乔纳斯说,荟萃分析的数据量太小,结果很可能具有偶然性。这意味着,商艾京研究小组宣称他们"已经证明顺势疗法的临床效果就是安慰剂的效果"的说法,可能言过其词了。

1997年,林德和乔纳斯得出结论,通过他们自己的研究结果无法宣称顺势疗法的效果完全取决于安慰剂。这很难说是一个对顺势疗法明确的认可,但也不是对顺势疗法的完全否认。

随后,乔纳斯一直在顺势疗法研究中遭遇挫折。几个月后,2005年10月,他在《替代与补充医学杂志》上发表了一篇与哈拉尔德·瓦拉赫(Harald Walach)合作的论文。该论文表达了一个折中的观念,承认有一些稀释和振荡后的顺势疗法物质可能具有生物活性——但目前还没有一个临床实验的结果能明确证明顺势疗法是有效的。总的来说,"分析顺势疗法有效性的问题不是寻找令人惊叹的初步结果……而是难于重复已经发现的疗效。"换句话说,也没人能证明顺势疗法的无效性。

这一切似乎非常不合情理。两个多世纪以来，科学研究一直未能证明顺势疗法是无效的。这怎么可能？我们该如何解决这个问题？答案可能出现在《顺势疗法大全》的页面上，在开具处方之前，顺势疗法医生要翻阅该书中关于症状、治疗措施和稀释方法的杂乱无序的目录。已经被证实效果的顺势疗法临床实验会挑选出一些顺势疗法的药物，用于治疗诸如由风湿性关节炎引起的炎症等疾病。由伦敦皇家顺势疗法研究所的研究总监负责的、为期 6 个月的研究表明，42 种顺势疗法药物都不能治疗风湿性关节炎。不过，如果一些被使用的顺势疗法药物实际上是有效的呢？难道我们不应专注于在无数的顺势疗法药物中出现的那几种疗效明显优于安慰剂的药物吗？

事实上，人们的确感觉到了一些不起眼的试验结果或许在支持顺势疗法。例如，伦敦帝国理工学院的化学家莱昂内尔·米格罗姆（Lionel Milgrom）就接受了顺势疗法的培训，因为他对顺势疗法迅速治愈了他同伴的复发性肺炎印象深刻。我的另一位熟人，既是一本科学著作的作者，也是一位专业的科普传播者。他曾告诉我，他两岁女儿的舌头被蜜蜂蛰了一下后肿胀起来。他惊讶地发现，使用顺势疗法药物"蜜蜂"——一种将蜜蜂浸泡在酒精中制备而得的药物——他女儿的舌头出现了明显消肿。

鲍勃·劳伦斯（Bob Lawrence）也是这样的一个例子，他用顺势疗法治好了困扰自己 15 年的皮肤疾病。他说，"抗生素也可以治好它，但副作用太难以忍受。"一位朋友给他推荐顺势疗法，虽然他也持有怀疑态度，但并未停止不前。随后，他放弃了一个绝佳的工程师工作，还受训成为了一个顺势疗法医师。他现在是英国最大的顺势疗法药房之一——英国坦布里奇韦尔斯温泉小镇的赫利俄斯顺势疗法药房的一名药剂师。与劳伦斯一起游览这个地方时，你会遇到 21 世纪顺势疗法能遇到的所有事情：既有错的，也有对的。

我期待着一些更令人不安的事情，比罗密欧与朱丽叶的故事更令人不安。那些事情仿佛发生在药剂师昏暗的实验室中，但事实却正好相反，在一家明亮的商店中，一个服务柜台后面，一群举止非常得体的人——他们穿着白色大衣忙碌着将箱子从搁架上滑下，打开箱子从中拿出小瓶，并将小瓶中的液体滴入其他小瓶。

这个场景中有三件令人不安的事情。第一件，打印在盒子标签上的奇怪名字——例如，其中一个名字是"熔岩"。第二件，当药剂师将小瓶中的东西合并时，偶尔会发出剧烈的撞击声。第三件，劳伦斯正在剧烈振荡的瓶子外面包裹着一个巨大的、黑色皮革封面的《圣经》。

在对《圣经》敲了三次后，劳伦斯的拳头紧握着一个装有顺势疗法药水的紫水晶小瓶。然后，劳伦斯抬起头来。他脸上的表情似乎在说："我希望你没有看到这一切。"他向我保证，"其实，不必使用《圣经》，需要的只是一个柔韧而又坚硬的表面。只是顺势疗法的创始人哈尼曼（Hahnemann）建议，'皮革封面的《圣经》可能是最合适的工具'。"

哈尼曼的说法在赫利俄斯药房受到了热烈欢迎。该药房是顺势疗法的交流中心。工作人员在该中心的工作是从世界各地获得"治疗潜力"的物质，然后进行专业的稀释、振荡和再稀释。可以看到药房的《圣经》已多次用于上述操作，因为它的封面必须用橡皮筋固定。

事实上，劳伦斯不是神秘主义者，也不是病态的信徒。他并不认为《圣经》会传达一些特殊的力量到治疗药物中。当他带我下楼显摆他制造的机器以解决最费力的振荡和稀释时，这点得到了证实。他说，有时候，为了得到具有超级疗效的治疗药物，你必须重复这个过程数千次。劳伦斯已利用自己的工程学技能使这一过程实现了自动化。他希望顺势疗法能变得更加科学。有时，人们会给他送来一些蝙蝠或者蝉的翅膀，用于制备顺势疗法治疗药物。他不会把它们制备成治疗药物，除非他确切知道它们的具体种属，他还必须知道这些东西的拉丁文名称。他喜欢研究顺势疗法的内容，包括疾病的症状、治疗方法和合适的稀释方法。

当我们在机器的重复敲打声中调高调门努力交谈时，我注意到了更多的盒子。我可以感觉到，劳伦斯不愿我看到标签上的名字。醒目的名字有"升F小调""G大调和弦""麦田里的怪圈""烙饼"……当我问劳伦斯它们是什么，你如何将升 F 小调放进瓶子，劳伦斯皱了皱眉毛并翻了个白眼。

在赫利俄斯药房的地下室很容易看出顺势疗法的问题。一些人相信一切"自然事物"都具有治疗作用，故而该疗法在很大程度上成为了这些人的滞留地。顺势疗法涉及的范围非常大，甚至包罗万象。在这种情况下，顺势疗法的效果测试显然很难得到准确证实。

顺势疗法的治疗措施应通过检测系统的"验证"。一组志愿者被给予了顺势疗法的治疗物质，在接下来的几周内他们体验到了各种不同的感觉，经历了各种不同的症状。对这些症状进行收集和比较，将那些似乎普遍出现的症状与治疗的本质相关联。如果采用顺势疗法的患者汇报，他们出现了类似症状——根据顺势疗法的原则，即"类似症状"的原则——就意味着相关物质可能可以发挥有意义的治疗作用。

问题在于，赫利俄斯药房中的许多药物并没有正规说明书，仿佛江湖医生的药房。药房架子上的顺势疗法药物可以来自避孕套、熔岩碎片、艾滋病毒阳性者的血液，甚至包括一点儿反物质。

顺势疗法的实际处境是，像劳伦斯这样的人的确对这种情况感到沮丧。当我提到音乐疗法时，我可以看到劳伦斯眼中的尴尬，我对他的困境感到真诚的同情。他说他与这些治疗方法没有任何关系，但他无法阻止他人使用它们。他认为顺势疗法是有效的，但他并不知道为何有效。他的货架上那些无关的、奇怪的东西并不能帮助他找出答案，他希望用一种经验性的、科学的方法应对顺势疗法，然而他身边所有的怪人都无法做到。劳伦斯希望有天能找到科学的原理。事实上，他并不孤单。在赫利俄斯药店以北 40 英里处的伦敦自然历史博物馆的维尔玛·巴拉坦（Vilma Bharatan）也有类似的探索。

作为自然历史博物馆的博物学家之一，维尔玛·巴拉坦是一位顺势疗法的实践者。同时，她也是顺势疗法的强烈批评家。她说，"顺势疗法从业者一直依靠的是人们对这门学科的敬畏，而非严谨的知识或科学。"他们在处理研究数据方面非常不严谨，例如，他们混淆了植物的名称，几乎不能正确研究已知植物特性和顺势疗法疗效之间的正确关系。她指出，"不过，事情也不总是这样，有段时间顺势疗法与科学站在一条线上。"

巴拉坦博士论文的网页为希望了解顺势疗法的人提供了有趣的阅读材料。首先，该论文将顺势疗法分组——例如，开花植物——将植物合适的"生物学名字"与"它们可以治疗的症状"以及"已知的疗效"联系起来。然后，她用计算机程序对顺势疗法作分类学分析。生物学家根据这些植物或动物的物理特征或基因谱，使用分类学的方法进行分组。巴拉坦的计划是将植物用于顺势疗法的治疗效果载入程序，以分析顺势疗法分组与其他传统的生物学分组之间是否存在关联。

巴拉坦的数据库被称为矩阵，它是植物名称加上其显示出来的各种治疗效果组成的网络。巴拉坦并未在矩阵中包含了所有顺势疗法的疗效：她选取了那些经常在常规临床应用中被证实为有效的数据集。最后，这个矩阵包含了超过2.5亿种植物疗法的治疗效果。当她通过计算机程序对数据进行分析和分类时，博物馆的服务器在过度负荷的情况下崩溃了，这是该服务器曾经分析过的最大的数据集。

分支学程序的输出结果被称为分支图，它看起来像族谱图。例如，昆虫分支图显示了昆虫是如何进化成各种形式的。第一个分支为甲虫，第二个分支包含了蚂蚁、蜜蜂和黄蜂等昆虫，第三个分支又分成了两个——其一，蝴蝶和飞蛾；其二，苍蝇。从这张图片中，我们可以看到，相邻的两个物种一般来源于一个共同的祖先。

巴拉坦的大部分分支图都没有表现出"共同祖先"。该程序发现，许多情况下，各种基于植物的顺势疗法药物之间并无强烈的生物学联系。然而，少数情况下，可以发现存在较强的相互关系。就像生命树上的昆虫分支，其中一个分支药物的治疗性质与心血管系统相关，另一分支的植物药物被用于治疗女性生殖系统疾病。巴拉坦估计，即使人工查看100万年的原始数据，也不会发现该分组。因为这些植物被用于如此多种类的疾病治疗，所以人们通常不会想到根据人体系统将它们进行分组。同时，这些植物族类繁多。尽管如此，计算机仍然可靠地运行了32小时，完成了分组任务，原因似乎与化学结构有关。

如果你不幸患有充血性心力衰竭或心律失常等疾病，医生可能会开具含有强心苷的药物。这些化合物通常来自植物，可以影响心脏组织中钠离子和钾离子的跨膜转运方式。紫花洋地黄等4种植物是最广泛使用的强心苷类药物，它们也醒目地存在于巴拉坦治疗心血管疾病药物的分支中。事实上，其分支中的所有13种植物都含有特定的化学物质，后者在西医中也用于治疗心绞痛、心前区疼痛和心律不齐等与心脏相关的疾病。这些化学物质具有各种效应：有的能降低胆固醇水平，有的能减缓心脏收缩速度。

巴拉坦说，"研究结果意义非凡。"首先，分支学程序发现了药物与人体系统相关的这一事实，挑战了顺势疗法通过安慰剂效应发挥作用的观点。她指出，"如果顺势疗法只是一种安慰剂效应，那么，人们完全不清楚这种效应从何而来。"其次，在巴拉坦的分析中，大量植物产生了"噪声"数据。尽管这些植物存在于顺势疗法的目录中，但它们并未与任何有用的东西联系在一起。例如，治疗心血管疾病的药物分支不包括存在于该矩阵中的27种植物，而这些植物通常用于心血管系统疾病的治疗。事实上，矩阵中的一些植物，如烟草类植物，对心脏有显著的作用。但是不知何故，计算机程序并未将它们归属于这个分支。这只是一个初步的研究结果，但它已足够吸引人。巴拉坦认为，她的分析可能提供了一种科学手段，可精简过于泛滥的顺势疗法药物目录。

然而，巴拉坦并不想就此停步。她说，"她研究工作的第三个推论（也许是最引人注目部分）是，'根据分支学研究，这些顺势疗法物质可能在疾病的治疗中发挥了化学作用'。"这意味着，稀释和振荡——对大多数人来说，这是顺势疗法的本质——不仅是浪费时间的方式，也是顺势疗法问题的错误根源。如果顺势疗法通过化学物质发挥作用，那么就没必要将其疗效寄希望于药物溶液结构的改变。鲁斯图姆·罗伊（Rustum Roy）的努力可能用在了错误的事情上。

她说,"稀释和振荡的整个概念都有问题,没人知道它从何而来。"最初,哈尼曼使用未稀释的植物性药物用于治疗,导致了意想不到的副作用。从那时开始,他开始在顺势疗法药物中加入水,并进行振荡。"这是我们无法解释的,"巴拉坦说,"他是为何选择这样做的?"在提出这个问题时,维尔玛·巴拉坦冒着论文被同行拒绝的风险再次提及了往事。

一个多世纪前,理查德·休斯(Richard Hughes)因"不屑于对药物进行极度稀释","不愿对顺势疗法药物进行不懈的筛选",以及"将顺势疗法转变为对抗疗法的强烈愿望",被同事们视为"臭鼬"。

《英国顺势疗法协会年报》的编辑休斯是一位有影响力的人物;他的一生激起过无尽的争议。休斯是第一个站到哈尼曼身边且质疑其方法并批评那些未认真思考就跟着这样做的人。休斯(以及认可休斯说法的很多其他英国顺势疗法医师)稀释药物的次数比一般人少得多。哈尼曼的规则是,进行30次"增强"——按照每次100倍的比例稀释30次。休斯说,"这个做法是一种陈腐的顺势疗法。"实际操作是,休斯采用了6次的稀释方法——按照每次100倍的比例稀释6次。事实上,这种方法仍将治疗药物的浓度稀释为了原浓度的万亿分之一。

休斯根据可靠的证据,用了7年时间改变了顺势疗法药物的配置方法,减少稀释倍数的方法成为了休斯做出的改变之一。当时的一些报告宣称,"产生了疗效的顺势疗法药物其稀释次数都大于6次。"对那些纯粹的临床报告,休斯驳斥它们为谣言。一切依据都要基于毒性实验的证据或报告,其结果是,休斯出版了自己的巨著《药物百科全书》(四卷)。他在1902年逝世时,该著作被誉为"举世无双的作品",其中一页上记录着,"20世纪末将是一个开端,顺势疗法药物会得到更频繁的研究。"然而,这件事并未发生。

休斯的工作已经威胁并模糊了顺势疗法和对抗疗法之间的界限。他曾表示,希望建立一个时代,即"顺势疗法"和"对抗疗法"从业者之间的竞争将不再困扰医生,也不再困扰患者。这听起来很理想,但让人意外的是，休斯指出这样做的后果是，"顺势疗法将立即停止自己作为一个单独的机构存在。"根据1985年《英国顺势疗法杂志》上的一篇文章，这种危险的理想很可能是造成他"死后被放逐"的原因，没有学科喜欢被一个更大的学科整合。在休斯去世的几年内，顺势疗法已从与科学的联系中退却，成为一种形而上学的具有神秘主义的学科。

然而，理查德·休斯的精神仍然存在。他的药物学和降低了稀释倍数的"药物剂量"成为了维尔玛·巴拉坦输入矩阵中数据的一部分。根据这个矩阵进行的数据分支分析表明，当前的顺势疗法处方需要彻底改写。

顺势疗法的历史表明，今天"对抗疗法药物"和"顺势疗法药物"之间的僵局是由过去的人为因素造成，而非两者基本不相容性的表现。顺势疗法不会消失的原因或许非常简单：它的处方原理存在着合理的成分，能起到与"对抗疗法"相似的作用。如果休斯的想法变成了现实，那么在过去的100年，环绕在顺势疗法周围的神秘主义、繁文缛节、过度的稀释以及振荡产生的噪声或许都已被剥离，顺势疗法中的有价值的东西已被纳入对抗疗法。

维尔玛·巴拉坦应该紧紧抓住她的分支图，某天，这些图可能会被视为顺势疗法药物从冷遇中得到认可的过滤器。

结语

我在英格兰威尔特郡进行了最后的旅程。明天，我将与马丁·弗莱施曼会面，后者是 1989 年冷聚变研究崩溃时深受影响的两位化学家之一。今晚，我正躺在山顶上，凝视着星星。

紧跟在我身后的是一座铁器时代的纪念碑，起伏的山峰和波谷之间有一个古老的城堡，它的沟渠和土丘在基督诞生前 700 年建造。在我下方的黑暗中隐藏着一个相对较新的景观，一匹按照阿尔弗雷德大帝（Alfred the Great）的命令雕刻而成的白垩材质的白马。没人能确定这座雕像是何时完成的——也许是 1 000 年前。我仰望天空，看到了另一个过去的景象：在创建堡垒和白马雕像之间的某个时间，猎户座发出的光正向地球出发。今天，它才到达地球且被我看见了。我们知道，猎户座中的三颗星星大约在 1 500 年前就发出了光。那时起，光线就开始了它们的旅行。阿尔弗雷德大帝为了庆祝自己对丹麦人的胜利命令雕刻白马时，星星发出的光线仍在距离他们 60 000 000 亿英里之外。

我很高兴能把具体的数字放写出来，我很高兴能生活在一个知道光速有多快的时代。事实上，我们的确生活在幸运的年代，我们知道光线不会瞬间穿越宇宙。今天的我们可能会认为这种知识是理所当然，但解密光速是来之不易的。

1676 年，木星最内层的卫星伊奥轨道异常导致天文学家奥勒·雷默（Ole Roemer）作出了非常特别的预测。他说，"伊奥会在 1676 年 11 月 9 日下午 5 点 37 分从木星后面出现——这将证明光线以有限的速度传播。雷默的导师，巴黎天文台负责人让-多米尼克·卡西尼（Jean-

Dominique Cassini）蔑视这个想法，他说，"光的传播瞬间到达。"他的信仰使他有了不同的预测，根据卡西尼的说法，伊奥将在5点27分出现。

伊奥在5点37分49秒从木星的后面出现。听到这一消息，卡西尼无耻地宣布该事实与他提出的观点相符。尽管卡西尼在科学家的公开集会上做出了（错误的）预测，但在他自我否认时，这些科学家均选择支持卡西尼。雷默在50年后才获得平反，只有在卡西尼死后，科学家才接受光速有限这个说法。

1969年，天文学家J. 唐纳德·弗尼（J. Donald Fernie）对此进行了牵强附会的观察。他写道，"人们花了几十年的时间才得以纠正20世纪早期天文学家所犯的错误。""对于天文学家羊群效应的最终研究还未被确定，"弗尼说，"但是，有时候，我们像一群羚羊，在紧密的队形中低着头以坚定的决心朝着某个方向从草原上轰隆隆奔腾而过。当领导者给出一个信号后，我们会以同样坚定的决心和紧密的队形向另一个方向轰隆隆奔腾而去。"

弗尼的话晚来了3个世纪，已无法安慰奥勒·雷默。但我们应该注意到，科学就是这样进化的。就像光在宇宙中的穿越速度是有限的一样，科学进展的阻力通常比你想象的更巨大。

有几个因素在起作用。例如，人们通常不关注事情本身。当威廉·伦琴（Wilhelm Roentgen）发现X射线时，至少已有另外一位研究人员已看到过它们，然而后者并未评论他观察到的奇怪性质。另一方面，有时，人的思想会对一个激进的新想法产生恐惧。伦琴宣布发现X射线后，凯尔文勋爵（Lord Kelvin）宣称X射线只是一个精心策划的骗局。直到后来，在凯尔文看到实验证据后，他才勉强接受。

即使没有人为妨碍，环境也会阻碍科学的进步。1905年，科学家完全不担心宇宙是如何运行的。20世纪初，西方世界被重工业和农业主导，研究者们努力的方向也指向了那些领域。所以，当一位瑞士专利审查员提出有关时空性质的惊人理论时，几乎没人关注。事实上，相对论甚至未能帮助爱因斯坦找到工作——他申请一个教职时附上了自己的论文，但仍未得到面试机会。这几乎是个巨大的讽刺：光速有限的文章革新了我们对宇宙观的看法，但无助于加速爱因斯坦从伯尔尼的专利局走出。

有时，障碍来源于科学家自身对未知事物的恐惧。在爱因斯坦之前，亨利·庞加莱（Henri Poincaré）无限接近于发现相对论。所有的证据都是成立的，因为狭义相对论是对阿尔贝特·迈克尔逊（Albert Michelson）和安德沃·德莫利（Edward Morley）在1887年进行的一项实验结果的完美解释。不幸的是，当庞加莱看到这项研究对空间和时间的影响时，他选择了放弃。他发现，时间可以减慢或加速——这取决于物体在宇宙中的运动方式。这让他完全无法面对。

当其他所有方面都无法阻止进步时，人们也会提出一种假设，即没有什么新东西需要去发现了。在爱因斯坦取得突破之前，阿尔贝特·迈克尔逊提供了整整10年的经典例证。"物理学中重要的基本定律和事实都已被发现了。"迈克尔逊在1894年写道，"现在，这些东西已被牢固地建立起来，它们被新发现取代的可能性微乎其微。"在那之前的6年，天文学家西蒙·纽科姆（Simon Newcomb）说，"我们可能已接近了我们可知的天文学极限。"

这种自信不仅是一种古老的现象。1996年，科学作家约翰·霍根（John Horgan）出版了一本名为《科学的终结》的书。霍根在书中陈述，"科学已基本上完成。"他说，"我们已接近物理学的最终理论，生物学也几乎没有什么有意思的发现了，只剩下一点未知的事物和交叉科学。从此以后，科学将成为一件无聊的事，只剩下填写其中的细节。"

霍根的书问世后，引起了科学家们的极大愤怒。史蒂芬·霍金称其为"垃圾"，史蒂芬·杰·古尔德（Stephen Jay Gould）称其为"白痴"。戴维·李（David Lee）在获得诺贝尔物理学奖时宣称，"关于科学之死的传言被极度夸大了。"即便如此，这本书却仍然产生了重大且持久的影响。3年后，诺贝尔奖得主菲利普·安德森创造了"伪有机体

(Horganism)"一词，表达了对未来科学极度的悲观主义。

自 2005 年夏天在剑桥大学遇到约翰·霍根以来，过去的几年，我认为自己对他还是有些了解的，我十分尊重他。但是，就这件事，我也认为他错了。是的，多亏了奥勒·雷默，我们才知道光速是有限的；正因为科学的不断进步，我们知道了宇宙中各样的事物以及宇宙的运行原理。事实上，我们还有很多工作要做，科学远不只剩下无聊的小事。

自从离开布鲁塞尔的大都会酒店，我调查了 13 种当今的科学异常现象，所有这些现象都迫切地需要得到解释和进一步研究。有些现象尚未被认真对待；有些现象也许被过于严肃对待了。天文学家西蒙·怀特（Simon White）指出，"将解决问题后可能获得的收益与研究投入比较，解决暗能量谜题的天文学努力可能需要巨大的代价。"偶尔，这些异常现象会指出非常令人不快的事实，以至于没人愿意去面对——比如，我们对自由意志的妄想。但是，正因为它们具有多样性的、令人兴奋的或令人不安的本质，每一个异常现象都为探索和发现提供了极好的机会。它们将向放射性和量子理论一样，引导我们揭示尚未看到的科学边界。正如乔治·伯纳德·肖（George Bernard Shaw）曾指出的，"科学每解决一个难题，就会创造出十个新难题。"

古老的星光勾勒出了我头顶上的黑色天幕，进一步证明了肖声明的真实性。雷默通过假设光速有限解决了木星卫星伊奥运行轨道的问题。当然，光速有限也提出了另一个宇宙难题，这个宇宙难题的解决甚至又提出了超过 1 000 个新问题。

恒星发生着巨大的热核爆炸，以一份一份能量的形式发出光和热。我们的太阳是一个较小的距离我们较近的恒星，它给了我们一个更直接的光热体验。与猎户座的恒星不同，太阳距离我们足够近，并通过自己的方式给我们带来温度。我躺在这里，太阳发出的某个光子正给澳大利亚提供热量，而这个光子来自于 9 分钟前的太阳发射。现在，我用手指敲击键盘时，另一个光子正从太阳发向邦迪海滩上的一些晨练者——9 分钟后，它会到达那里。

这就是光速有限的典型例子，同时，它也引起了一种异常。我们知道，邦迪海滩上的温暖和古英格兰山坡上的寒冷有着巨大的温度差异，但整个宇宙的温度却非常一致。在宇宙尺度上，温度大致相同，大约 −270 ℃——靠近绝对零度。将光速有限这个问题考虑进去，就显得异常了。

也许，乍一看，这并不奇怪。毕竟，我们已习惯了物体的温度相同。我躺在草地上，脚和头的温度是相同的。背部稍微有点冷，因为地面从我的背部吸收了一些身上散发出的热量，但我的身体的总体温度是基本相同的。

事实上，这种现象与星星闪耀具有相同的原理——热的物体会发生辐射。辐射以光子的形式出现，它们携带能量并与其他物体相碰撞——通常会选择不那么热的物体。碰撞将能量从热的物体转移至冷的物体，直至它们达到相近的温度。只要时间足够长，温度必将达到平衡。

问题出来了——宇宙没有足够的时间使温度达到平衡。大爆炸之后，必定存在各样的混乱，创世纪时的宇宙绝对不一致。今天，我们从来自各种恒星的测量中得知，宇宙正在扩张。这意味着，在大爆炸以来的137亿年，空间的飞速扩张使宇宙的某些部分大大远离了其他部分。矛盾的是，光速有限意味着来自宇宙中较热部位的光子缺乏足够的时间到达其较冷的部位，不能使宇宙总体温度达到平衡。然而，事实是，无论我们从哪个方向看，从一侧地平线到另一侧地平线，宇宙的温度几乎完全相同。

天文学家称它为"地平线问题"，直至阿兰·古斯（Alan Guth）提出了问题方案。简单地说，古斯的答案是："在大爆炸之后，初期宇宙爆发速度非常快。之后，它停止了快速扩张，进入了一个相当大的膨胀阶段。我们对此过程还不能完全理解。"

它解决了地平线问题。因为在超快"膨胀"时期之前，宇宙足够小，光子完全有时间穿过它，使所有物体达到均等的初始温度。在那之后，才发生了宇宙大爆炸。

没人知道宇宙怎样或者为什么会像古斯所说的那样爆炸，也没人知道膨胀为什么会突然停止。科学上，这真不能作为一种解释，但它又似乎是我们能得出的最好解释。事实上，目前它在宇宙学中是主流观点，是一个无可争议的假设。宇宙膨胀是有据可查的宇宙历史的一部分，这是可以确定的也是毋庸置疑的，就像历史上滑铁卢战役的某个地方发生了的可靠事件。但是，我们无法确定每一个宇宙膨胀的细节，如同我们无法确定惠灵顿和拿破仑的每一个士兵在泥泞的比利时战区死亡的具体时间。今天，我们有充分的证据表明，在大爆炸之后，宇宙确实经历了一个超快速的扩张阶段。显然，这是解决大问题的一种巧妙的方法（还原论）。

该观点并非每人都信服，普林斯顿大学的保罗·斯坦哈特就认为宇宙膨胀不曾发生；诺贝尔奖获得者罗伯特·劳克林也曾指出了还原论的局限——推导得太过。他说，"宇宙学中被人们广泛接受的标准思想——大爆炸和宇宙膨胀，是毫无根据的。因为科学家采用的是充满所有空间的宇宙微波背景辐射作为主要支持性证据。遗憾的是，这种辐射也称大爆炸的回声，是宇宙诞生30万年后才产生的。认为它能回答我们创世之初的原貌，就像试图从飓风造成的破坏中推断出原子的性质。"

阿兰·古斯解决了这个难题，并让大多数物理学家感到满意。但是，古斯的胜利只是打开了一扇门，而一系列新的问题涌现于门口。例如，25年过去了，我们仍然为宇宙膨胀的原因和方式而困扰。如果地平线问题是一个异常现象，那么宇宙膨胀只是部分的解决方案，我们只是用一个新的谜掩盖了我们的无知。

然而，地平线问题这种异常现象并未被我列入本书，部分原因是它的解很可能来自于我们本书陈述的更重要的异常。例如，对暗能量、冷聚变，或者变化常数的研究，可能会给我们带来比量子电动力学更艰深的理论，新理论或许能在解释宇宙膨胀的本源上发挥重大作用。

此外，本书对其他异常现象的研究也许同样具有类似的广泛含义——研究死亡的起源和巨病毒的故事也许会导致进化论的根本性修改；

理解安慰剂效应也许会改变医学的面貌；掌握自由意志的错觉也许会改变我们看待人类及其责任的方式。我认为，可以肯定的是，下一代思想激进的科学家以及之后的人们将有更多的有意义的工作要做。

我选择将本书献给在我 15 岁时教我物理学的老师。因为本书详细的发现之旅给我带来的激情，犹如当年他给我带来的激情。在他的指导下，科学成了一件奇妙的事情，一件可以争论、探索、激发心灵的事情。他只教了我一年时间，但他打开了我的科学思想，并持续了 20 多年。同时，我选择将本书献给他现在的学生并向他们致敬——在下一代学生中，也许某人可以解决这些异常，并创造出更多的异常。

库恩观察到了范式转换模型，这意味着重大发现只能由那些对这个特定学科非常陌生的年轻人来完成。查尔斯·达尔文也知道这点，他在《物种起源》一书中发表了一个有说服力的声明，他说，"我绝不希望说服经验丰富的自然主义者，后者的头脑里充斥着长期形成的大量事实，并从某方面反对我的观点。"相反，他补充说，"我对未来充满信心，对于年轻的和正在成长的自然主义者来说，他们将能公正地看待问题的两个方面。"

那些现在正在成长的年轻人将会在太阳系的行星和卫星上找到生命，甚至能回答来自太阳系之外的呼唤。他们可能会创造新的生命，或者重写爱因斯坦的相对论，以便重新考虑暗物质问题，并让关于探索者号飞船的争论归于平静。也许，还有一些目前仍在上学前班的天才，利用他们的数学技能解决暗能量的谜题。

不管发生什么革命，有一件事是肯定的——每一次进步都会尽可能地让我们更加清楚地看清自己所处的宇宙。

你可以认为，我们是星际灾难性爆炸制造出的化学物质的集合，我们是星尘或者核废料。

我们宣称自己是生命，即使我们不知道那意味着什么。

我们想要在这个广阔的宇宙中发现其他生命。同时，我们也努力去理解浸泡在一小瓶水中的几个钯原子的化学性质。

我们认为，自己可以远离痛苦，但我们甚至无法控制自己的肌肉。

我们向太空发射探测器，但我们无法解释人类最原始的渴望和欲望。

我们认为自己是进化的顶峰，但同时也意识到我们对真实故事知之甚少。

所有这一切都说明我们渴望自我塑造，以理解在这个宇宙以及人类的意义。只有科学能推动我们进一步理解，而异常现象则推动着科学向前发展。1951年，埃尔温·薛定谔问，"我们是谁？"这个问题的答案不仅是科学的任务之一，还是科学的根本任务。

致谢

撰写本书是我的荣幸,我从未有过如此深的感受。我必须感谢所有允许我利用他们时间、实验室的人,没有他们,本书不可能完成。

我要感谢与法布里奇奥·贝内德蒂、卢安娜·科洛卡和安东尼拉·波洛(Antonella Pollo)在都灵度过的非凡的一天;感谢与帕特里克·哈格德在伦敦一起经历了令人不安的几个小时。

我要感谢美国海军冷聚变研究员帕姆·波斯(Pam Boss)和弗兰克·戈登(Frank Gordon)在面对难题时表现出的幽默感。感谢迈克尔·梅利奇(Michael Melich)和马丁·弗莱施曼在美味的招待午餐上提供了有深度的见解。

感谢名单还有,吉尔伯特·列文,一个高贵的人;斯蒂恩·拉斯姆森,一个身材高大且体格健壮的人;薇拉·鲁宾,一个了不起的科学家。探索者号飞船的研究者迈克尔·马丁·涅托、斯拉瓦·图尔谢夫和约翰·安德森是当今较高水平的科学家。约翰·韦布和迈克尔·墨菲(Michael Murphy)不仅令人印象深刻,还是头脑冷静的思想家,他们是很棒的团队。

非常感谢杰瑞·埃曼和塞斯·肖斯塔克对寻找智能外星人的坦率态度;伯纳德·拉·斯科拉给了我一个去法国阳光明媚的南部一日游的借口;琼·拉夫加登给予了我关于性的有用建议;梅兰妮·奥克斯利(Melanie Oxley)、莱昂内尔·米格罗姆、彼得·费希尔(Peter Fisher)和维尔玛·巴拉坦对顺势疗法章节的写作提供了热情的帮助。我特别喜欢鲍勃·劳伦斯的公司。鲍勃·劳伦斯诚实和务实的态度令我印象深刻，这让我看到了解决顺势疗法谜题的希望。我还要感谢南茜·马雷特（Nancy Maret）在新墨西哥州对我的热情款待。

我非常感谢"双日"出版集团的克里丝·普欧波罗（Kris Puopolo）和"资料图书"出版集团的安德鲁·富兰克林（Andrew Franklin），他们给予了我热情的支持、出色的忠告以及非常明智的建议。我还要感谢我的经纪人，"科学工厂"文学机构的彼得·塔拉克（Peter Tallack），他通过多种方式帮助我将自己脑海里的东西搬到了书架上。

我要感谢我的妻子菲利帕以及我的孩子米莉、扎卡里，在过去的几年里，他们要长期与一个不称职的丈夫和父亲共同生活。

最后，我要感谢《新科学家》杂志的工作者，杰瑞米·韦伯（Jeremy Webb）、瓦莱丽·贾米森（Valerie Jamieson）、格雷厄姆·劳顿（Graham Lawton）、凯特·道格拉斯（Kate Douglas）和克莱尔·威尔逊（Clare Wilson）。他们的讨论具有极大的洞察力，他们的集体智慧是一个令人敬畏的有机体。

本书将科学界最具争议的事件——陈列，意为警示学者与大众，我们仍有许多难题尚未克服。在不确定的边缘，宇宙构成、生命起源、细胞永生、自由意志、安慰剂原理……或将在各自领域带来新革命。

为保持对科学的谨慎态度和敬畏精神，作者亲身体验了诸多实验，甚至是经颅磁刺激以及电休克。与各学科领军人物对话，探讨科学前沿，探究科学根据，展望科学未来。

阅读本书可拓展青少年对科学的认知，助力他们对科学的深度理解，激发他们的科学创新意识以及探索精神。新生代科学家将引领未来科学新革命。

迈克尔·布鲁克斯，英国量子物理学家，非虚构类畅销书《未来科技的13个密码》（译为18种语言）、《自由基》（译为7种语言）、《不确定的边缘》（译为4种语言）作者。他拥有量子物理学博士学位，是《新科学家》杂志的顾问、《新政治家》杂志的专栏作家。

果壳书斋　　科学可以这样看丛书（39本）

门外汉都能读懂的世界科学名著。在学者的陪同下，作一次奇妙的科学之旅。他们的见解可将我们的想象力推向极限！

序号	书名	作者	价格
1	平行宇宙（新版）	〔美〕加来道雄	43.80元
2	超空间	〔美〕加来道雄	59.80元
3	物理学的未来	〔美〕加来道雄	53.80元
4	心灵的未来	〔美〕加来道雄	48.80元
5	超弦论	〔美〕加来道雄	39.80元
6	量子时代	〔英〕布莱恩·克莱格	45.80元
7	十大物理学家	〔英〕布莱恩·克莱格	39.80元
8	构造时间机器	〔英〕布莱恩·克莱格	39.80元
9	科学大浩劫	〔英〕布莱恩·克莱格	45.00元
10	超感官	〔英〕布莱恩·克莱格	45.00元
11	宇宙相对论	〔英〕布莱恩·克莱格	56.00元
12	量子宇宙	〔英〕布莱恩·考克斯等	32.80元
13	生物中心主义	〔美〕罗伯特·兰札等	32.80元
14	终极理论（第二版）	〔加〕马克·麦卡琴	57.80元
15	遗传的革命	〔英〕内莎·凯里	39.80元
16	垃圾DNA	〔英〕内莎·凯里	39.80元
17	量子理论	〔英〕曼吉特·库马尔	55.80元
18	达尔文的黑匣子	〔美〕迈克尔·J.贝希	42.80元
19	行走零度（修订版）	〔美〕切特·雷莫	32.80元
20	领悟我们的宇宙（彩版）	〔美〕斯泰茜·帕伦等	168.00元
21	达尔文的疑问	〔美〕斯蒂芬·迈耶	59.80元
22	物种之神	〔南非〕迈克尔·特林格	59.80元
23	失落的非洲寺庙（彩版）	〔南非〕迈克尔·特林格	88.00元
24	抑癌基因	〔英〕休·阿姆斯特朗	39.80元
25	暴力解剖	〔英〕阿德里安·雷恩	68.80元
26	奇异宇宙与时间现实	〔美〕李·斯莫林等	59.80元
27	机器消灭秘密	〔美〕安迪·格林伯格	49.80元
28	量子创造力	〔美〕阿米特·哥斯瓦米	39.80元
29	宇宙探索	〔美〕尼尔·德格拉斯·泰森	45.00元
30	不确定的边缘	〔英〕迈克尔·布鲁克斯	42.80元
31	自由基	〔英〕迈克尔·布鲁克斯	42.80元
32	未来科技的13个密码	〔英〕迈克尔·布鲁克斯	45.80元
33	阿尔茨海默症有救了	〔美〕玛丽·T.纽波特	65.80元
34	宇宙方程	〔美〕加来道雄	预估45.80元
35	血液礼赞	〔英〕罗丝·乔治	预估49.80元
36	语言、认知和人体本性	〔美〕史蒂芬·平克	预估88.80元
37	修改基因	〔英〕内莎·凯里	预估42.80元
38	麦克斯韦妖	〔英〕布莱恩·克莱格	预估42.80元
39	生命新构件	贾乙	预估42.80元

欢迎加入平行宇宙读者群·果壳书斋QQ:484863244
邮购:重庆出版社天猫旗舰店、渝书坊微商城。
各地书店、网上书店有售。

扫描二维码
可直接购买